Lumen Gentium

COLEÇÃO REVISITAR O CONCÍLIO

Ad Gentes: texto e comentário
Estêvão Raschietti

Apostolicam Actuositatem: texto e comentário
Antonio José de Almeida

Dei Verbum
Geraldo Lopes

Gaudium et Spes: texto e comentário
Geraldo Lopes

Inter Mirifica: texto e comentário
Joana T. Puntel

Lumen Gentium: texto e comentário
Geraldo Lopes

Perfectae Caritatis: texto e comentário
Cleto Caliman

Presbyterorum Ordinis: texto e comentário
Manoel Godoy

Revisitar o Concílio Vaticano II
Dom Demétrio Valentini

Sacrosanctum Concilium: texto e comentário
Alberto Beckhäuser

Unitatis Redintegratio, Dignitatis Humanae, Nostra Aetate: textos e comentários
Elias Wolff

Vaticano II: a Igreja aposta no Amor Universal
Carlos Josaphat

GERALDO LOPES

Lumen Gentium
Texto e comentário

Dados Internacionais de Catalogação na Publicação (CIP)
(Câmara Brasileira do Livro, SP, Brasil)

Lopes, Geraldo
Lumen Gentium : texto e comentário / Geraldo Lopes. – São
Paulo : Paulinas, 2011. – (Coleção revisitar o Concílio)

ISBN 978-85-356-2794-7

1. Concílio Vaticano (2. : 1962-1965) - História 2. Documentos
oficiais 3. Ecumenismo 4. Igreja Católica - História - Século 20
I. Título. II. Série.

11-03047   CDD-262.52

Índice para catálogo sistemático:

1. Concílio Vaticano 2ª : Documentos 262.52

1ª edição – 2011
2ª reimpressão – 2017

Direção-geral:
Flávia Reginatto

Editores responsáveis:
Vera Ivanise Bombonatto
Antonio Francisco Lelo

Copidesque:
Anoar Jarbas Provenzi

Coordenação de revisão:
Marina Mendonça

Revisão:
Ruth Mitzuie Kluska

Assistente de arte:
Sandra Braga

Gerente de produção:
Felicio Calegaro Neto

Projeto gráfico e capa:
Telma Custódio

Nenhuma parte desta obra poderá ser reproduzida ou transmitida por qualquer forma e/ou quaisquer meios (eletrônico ou mecânico, incluindo fotocópia e gravação) ou arquivada em qualquer sistema ou banco de dados sem permissão escrita da Editora. Direitos reservados.

Paulinas
Rua Dona Inácia Uchoa, 62
04110-020 – São Paulo – SP (Brasil)
Tel.: (11) 2125-3500
http://www.paulinas.org.br – editora@paulinas.com.br
Telemarketing e SAC: 0800-7010081
© Pia Sociedade Filhas de São Paulo – São Paulo, 2011

Introdução

A comunicação-relação é parte integrante da vida humana. Esta dimensão existencial está documentada desde os tempos pré-históricos. A partir do momento em que o ser humano passou a representar seus sentimentos, seus rastros ficaram gravados das mais diferentes formas e com os mais diversos meios.

Trirrelacionado, a saber, com o transcendente, o seu semelhante e a natureza, as marcas destas relações foram sendo deixadas na história. Uma delas, os templos, brotam da expressão da vida de fé das comunidades. O povo cristão não inventou os templos religiosos, mas deles soube aproveitar-se de forma genial.

Os templos expressivos estão em toda a terra e têm as mais diferentes formas e expressões. Lá visita-se a grande basílica. Majestosa, suntuosa, rica, faustosa ou simples e cheia de história... A basílica é a casa, a moradia do *basileus*, do rei do mundo. Lugar de peregrinação, de oração, de cumprimento de promessas. Em algumas delas, dependendo de sua sensibilidade e fé, a pessoa sente a presença imponderável do numinoso. O silêncio é a reação normal e típica.

As catedrais estão espalhadas pelo mundo inteiro. De pedra, concreto ou tijolo, elas são a casa do *episcopos*, do vigilante. Daquele que não pode dormir, pois deve *stare* ["ficar de pé"]. Sua missão, com efeito, é estar sempre pronto para a ação do magistério e da condução de sua grei. Catedral, o lugar da cátedra, da cadeira, do ensinamento. O *episcopos*, vigilante, é também o catedrático por antonomásia. Mestre na fé, na doutrina e na moral, o ocupante da cátedra é, como o Cristo, o grande servidor do seu povo.

O Povo de Deus, porém, constitui-se em comunidades locais. A igreja paroquial é a casa do seu dia a dia, da celebração do Senhor na assembleia dominical. À frente de cada paróquia está o "presbítero", o mais velho, o ancião, nem sempre pela idade, mas pelo discernimento, a doutrina, a celebração, a vida. Sua missão é a de sustentar a caminhada de todos. Mulheres e homens, velhos, adultos, jovens e crianças recebem do seu cuidado, do seu ministério, o que é preciso para conseguir o *unicum necessarium*, a salvação eterna. "Que todos tenham vida e a tenham em abundância" (Jo 10,10) faz-se a razão de sua ação.

Mas a vida necessita de sinais e de locais de encontros. É assim que a criatividade da fé vai fazendo surgir espaços para a sua manifestação. A capela é a célula menor e privilegiada destes espaços. Simples e toscas, cobertas de palha e construídas de adobe, elas acolhem a comunidade do entorno para viver a própria fé. De mármore ou outro material mais nobre, ela acolhe comunidades especiais no seu dia a dia de vivência cristã.

A ermida, como o próprio nome já diz, é uma pequena igreja, uma capelinha quase sempre edificada em lugar ermo, retirado... Construída por uma pessoa piedosa ou um grupo de crentes, a ermida é também manifestação de fé. Algumas delas tornaram-se famosas, como o caso da ermida de Assis, berço da fraternidade franciscana e irradiação de uma forma simples e profunda de viver o Evangelho.

A todas estas expressões "materiais" de fé e vivência cristã, o Concílio veio acrescentar a igreja doméstica ou familiar. Construída de "pedras vivas", ela se torna o "sacrário" da família, o reduto inviolável do amor. Nela são gerados e sustentados os filhos e filhas de Deus, seres vivos confiados pelo Senhor da vida a outros seres vivos que os acolhem e fazem crescer. Tão rica e bela é esta Igreja, que o próprio Deus quis dela participar. No serviço sacerdotal da vida de Maria e José, Jesus aprendeu a linda e difícil missão de ser humano para divinizar as suas irmãs e irmãos, mulheres e homens de todas as raças e de todos os tempos.

Em todos estes locais ressoa a profissão de fé de uma comunidade. Nela o "Glória a Deus nas alturas" e o "Creio" são cantados em todas as línguas e dialetos falados pela comunidade humana. No solene pontifical presidido pelo Papa e na mais simples oração comunitária dirigida pelo catequista analfabeto é a mesma fé indefectível que é professada. Mistério insondável do Deus de amor!

Todas estas manifestações de Igreja têm um centro dinamizador: Jesus Cristo. Pedra angular de toda construção, nome no qual todos se salvam, "verdadeiro Deus e verdadeiro homem". Ele é a vida de todos pelos quais viveu, morreu, ressuscitou e subiu ao céu. Enviou o Espírito Santo para que, por sua inspiração, todos o conhecessem, amassem e nele tivessem a fonte da salvação. A Igreja é esta comunidade crente e seguidora de Jesus Cristo. Fundada e alimentada pela fé e dinamizada pelo amor, esta comunidade caminha na esperança de sua plenificação no céu.

1

A Lumen Gentium no Concílio Vaticano II: pontos de sua história

Relembrar alguns momentos da caminhada da Constituição *Lumen Gentium* é fundamental para redescobrir o espírito que a inspirava no momento de sua confecção.

O Concílio Vaticano II foi um dos eventos mais marcantes do início da segunda metade do século XX, quiçá o mais determinante para toda a humanidade. Quais foram as ideias inspiradoras da Constituição sobre a Igreja? A unanimidade numérica da sua votação final representa, de fato, a unanimidade de pensamento de todos os Padres Conciliares?

Em largos traços, busquemos dar um mergulho nesta história, a fim de entender algo do documento que foi aprovado.

A *Lumen Gentium* é o documento central do Concílio Vaticano II. O caminho para a aprovação deste documento passou por algumas etapas significativas. Vamos acompanhá-las brevemente.

Até a aprovação do documento, em 21 de novembro de 1964, foram elaborados quatro projetos.

1.1. Primeiro projeto

Uma comissão pré-conciliar foi encarregada de elaborá-lo. Os temas que encontramos na redação definitiva aprovada estavam presentes: a natureza da Igreja, os seus membros (bispos, religiosos, leigos), a sua autoridade, o magistério, as tarefas, o ecumenismo. A grande diferença do texto aprovado é a abordagem eminentemente "institucional". Não era a Igreja como comunidade que estava presente. A ênfase era dada na autoridade do clero e, especificamente, dos bispos. Apresentado para a votação no dia 1º de dezembro de 1962, o texto sofreu duras críticas, pois não compreendia a dimensão de comunidade fundada na caridade, a saber, a Igreja como uma comunhão de pessoas relacionadas no amor para com Deus e entre elas mesmas. Formam-se duas correntes, que estarão presentes durante todo o Concílio. Uma delas enfatizava a Igreja como comunidade fundada na realidade invisível da graça, na comunhão de amor. Outro grupo desejava um documento que acentuasse a realidade externa da Igreja, a sua dimensão institucional e organizacional. No fundo, o conflito era sobre o que deveria ser considerado básico e primário. O documento que irá ser aprovado no final do Concílio reflete a superação desta dificuldade. A dimensão mistérica e comunial da Igreja irá prevalecer.[1] O Papa João XXIII, sempre atento às tendências e aos humores dos Padres Conciliares, formou uma Comissão para rever o primeiro esboço e apresentar um novo no início da segunda sessão conciliar.

---

[1] Haveremos de ressaltar, contudo, que a dimensão da colegialidade é um dos temas mais estudados do pós-concílio e ainda não plenamente colocado num enfoque satisfatório.

1.2. Segundo projeto

Quatro capítulos compunham esse projeto: I. O mistério da Igreja; II. A hierarquia; III. O Povo de Deus e os leigos; IV. Vocação de todos à santidade; Religiosos. Assim que foi proposto o esquema, vários Padres Conciliares levantaram três questões significativas:

1. a inclusão de um capítulo dedicado à Maria, membro eminente da Igreja, mas não acima dela;

2. a divisão do capítulo III: um sobre o Povo de Deus, que deveria ser inserido entre os capítulos I e III, e outro sobre os leigos;

3. um capítulo sobre a Igreja do céu, a saber, a Igreja em estado de perfeição.

Esse projeto foi aceito como base para as discussões. Contudo, ele mantinha a anteposição do capítulo da hierarquia sobre o Povo de Deus. Este tema, como sabemos, era um dos pontos-chave da discussão entre os dois grupos que se formaram durante o Concílio. As discussões na aula conciliar, como podemos imaginar, foram acaloradas. Os bispos já se conheciam, estavam mais afinados com o latim, a língua oficial do Concílio. Isso tudo facilitava o debate. Entre os temas emergentes nas discussões, encontram-se a colegialidade dos bispos, a restauração do diaconado permanente e uma votação sobre a inclusão do tema de Maria no documento conciliar. A votação foi apertada. Criou-se uma subcomissão para escrever um capítulo sobre a Virgem Maria e outra para o colegiado e o diaconado.

1.3. Terceiro projeto

Este projeto começa a manifestar a feição que irá ter o documento conciliar. Dois novos capítulos são incluídos:

sobre a Virgem Maria e sobre a consumação da santidade na glória dos santos. Por sua vez, o capítulo III do segundo projeto é subdividido em dois capítulos: um sobre o Povo de Deus e outro sobre os leigos.

A colocação do capítulo sobre o Povo de Deus imediatamente após o mistério da Igreja tem consequências riquíssimas. Significava aceitar a dinâmica fundamental da Igreja como um povo de batizados, cristãos e cristãs, fundando uma mesma comunidade de iguais, embora com suas funções e serviços específicos. Na Igreja-comunidade todos são responsáveis por sua vida e seu crescimento. Colocada após o capítulo do Povo de Deus, quer-se acentuar a missão da hierarquia como serviço específico. O projeto assumia a seguinte estrutura: I. O mistério da Igreja; II. O Povo de Deus; III. A constituição hierárquica da Igreja, especialmente o episcopado; IV. Os leigos; V. A vocação de todos à santidade na Igreja; Religiosos; VI. A consumação da santidade na glória dos santos; VII. A Virgem Maria, Mãe de Deus, no mistério de Cristo e da Igreja.

1.4. Quarto projeto

A discussão continua acalorada na aula conciliar, embora com maiores clarezas quanto à redação final do documento. Destarte alterou-se o capítulo VII, que passou a ter a seguinte redação: "A índole escatológica da Igreja peregrina e a sua união com a Igreja celeste". Buscou-se também dividir o capítulo V, dedicando um capítulo especial aos religiosos e religiosas. Os padres conciliares buscaram clarear os temas da Igreja do céu e de Maria. Alguns padres conciliares opuseram-se ao título de Medianeira para a Virgem Maria. Com efeito, refletiam eles, segundo o Novo Testamento o único Mediador é Jesus Cristo.

A votação para verificar se se deveria dedicar um capítulo especial aos religiosos e religiosas teve uma significativa rejeição. Dos 2.210 votantes, 698 manifestaram-se contra, enquanto 1.505 eram a favor e 7 anularam.

A comissão doutrinal pôs-se a trabalhar para apresentar uma redação completa para a votação do dia 21 de novembro de 1964. Eis o esquema a ser votado: I. O mistério da Igreja; II. O Povo de Deus; III. A constituição hierárquica da Igreja e em especial o episcopado; IV. Os leigos; V. A vocação de todos à santidade na Igreja; VI. Os religiosos; VII. A índole escatológica da Igreja peregrina e a sua união com a Igreja celeste; VIII. A bem-aventurada Virgem Maria Mãe de Deus no mistério de Cristo e da Igreja.[2]

Esta caminhada chega a um ponto muito rico de maturação. Podemos detalhá-lo em alguns tópicos a seguir:

1. A Igreja é uma comunhão de caridade, a saber, uma rede interligada de pessoas em relação amorosa com Deus e com as demais pessoas.

2. Ela é uma expressão da graça de Deus e na qual todos os seus membros participam do serviço da vida.

3. Os fiéis que formam a Igreja constituem o Povo de Deus. Portanto, o clero, os leigos e os religiosos pertencem à mesma comunidade de fé, esperança e amor. São fundamentalmente iguais. Não há dois níveis de adesão à Igreja e portanto não se justificam grupos separados ou considerados mais que os outros.

4. O Povo de Deus como um todo é responsável pela vida e pelo crescimento da Igreja.

---

[2] Para um melhor aprofundamento, pode-se ler: PHILIPS, Gerard. História da Constituição. In: *Comentário sobre os documentos do Vaticano II*. 2. ed. s.l.: Herder & Herder, 1967. pp. 105-137.

5. A colegialidade dos bispos e sua comunhão com o Papa demonstram o inestimável e insubstituível serviço no múnus de ensinar, santificar e governar a Igreja.

6. Farol levantado entre as nações, a comunidade eclesial é fermento de um mundo novo pela comunhão que é chamada a criar entre as demais religiões cristãs, as religiões do mundo e as pessoas de boa vontade.

A *Lumen Gentium*, como documento-síntese do Vaticano II, representa a janela aberta para o mundo, pronta para deixar entrar o "ar fresco", conforme a expressão de João XXIII a um jornalista que lhe perguntava o que esperava do Concílio.

2
Considerações teológico-pastorais: as riquezas da Lumen Gentium

A o convocar o Concílio, João XXIII não determinou nenhum tema para ser tratado especificamente. Foi, então, pedido às conferências episcopais e aos bispos do mundo inteiro que propusessem suas preocupações e fizessem suas propostas. E elas vieram. As indicações mais claras, principalmente das Igrejas europeias, era da centralidade da preocupação eclesial.

2.1. Falar de Deus ao mundo

No fundo, contudo, todos sentiam que deviam recuperar um conceito: falar de Deus. Este tinha sido o tema de base que os bispos alemães trouxeram consigo. "No Concílio deveis sobretudo falar de Deus. Este é o tema mais importante".[3] Esta preocupação foi permeando a mente dos Padres Conciliares e "contaminando" suas ações. Ela

---

[3] DOM BUCHBERGER, bispo de Regensburg, idealizador do *Lexikon für Theologie und Kirche*; apud RATZINGER, Joseph. A eclesiologia da Constituição "Lumen Gentium". In: *Simpósio Internacional sobre a atuação do Concílio Ecumênico Vaticano II*, promovido pelo Comitê do Grande Jubileu do Ano 2000. Disponível em http://www.angelfire.com/ult/bentoxvi/eclesiologia.htm.

os conduziu durante as quatro sessões, que exigiriam, continuadamente, um ano inteiro de trabalho de mais de 2 mil pessoas!

2.2. Um modo diverso de falar

A linguagem conciliar é outro dado que nos chama a atenção. Ela foi dialógica e irênica. No Concílio prevaleceu o diálogo, mesmo que as discussões e as defesas dos pontos de vista tenham sido acaloradas. Há documentos que foram inteiramente refeitos, pois seus anteprojetos foram visceralmente rejeitados. O documento *De Ecclesia*, por exemplo, sofreu uma enorme transformação até chegar à *Lumen Gentium*. Do primeiro texto, eminentemente institucional, de 1º de dezembro de 1962, ao texto totalmente teológico, que foi votado em 21 de novembro de 1964, há uma diferença essencial. O diálogo conduziu a uma expressão irênica, de comunhão, de acolhida, jamais de rejeição. O espírito infundido na Igreja por João XXIII dominou os trabalhos conciliares. Nenhum anátema, nenhuma condenação, nenhuma expressão de revanche ou superação. A tônica bíblico-patrística está presente em todos os 16 documentos.

2.3. A prevalência da doutrina bíblico-patrística

A linguagem conciliar é bíblica. A Igreja é o "sinal elevado entre as nações" para irradiar a luz em meio aos povos que viviam na escuridão. E essa luz é Cristo: "sendo Cristo a luz dos povos!". A missão essencial da Igreja é anunciar a salvação que Jesus Cristo veio trazer. Ademais, ela deve testemunhar com palavras e obras a presença constante, santificadora e libertadora de Jesus Cristo. Numa linguagem eminentemente tipológica, a Igreja é vista na sua prefiguração veterotestamentária. A seguir, ela é apresentada na sua ação sob o impulso do Espírito Santo que a atualiza pela dinâmica sacramentária. E toda a vivência eclesial consumar-se-á na parusia, na Igreja celeste, quando Deus será tudo em todos. Esta apresentação tipológica serve-se daqueles momentos iniciais do caminho histórico da Igreja, vivido pelos Padres em suas respectivas comunidades. Não se pode esquecer que, por detrás da cada Padre da Igreja, está uma comunidade vivente, florescente e combatente. A maioria destas comunidades está hoje extinta, mas ainda viva pelo testemunho escrito de seus pastores.

2.4. A dimensão comunial

O Concílio recuperou a vivência comunial das primeiras comunidades evangélico-patrísticas. Os documentos conciliares, máxime a *Lumen Gentium*, superam a apresentação da Igreja como sociedade, sociedade desigual ou sociedade perfeita, característica da eclesiologia anterior (Idade Média, Trento, Vaticano I). Predomina a dimensão mistérica da Igreja. Este mistério tem a sua centralidade no bispo, na sua ordenação para o serviço de pregar a Palavra de Deus, pastorear o Povo de Deus como rebanho que o Senhor reuniu e celebrar os divinos mistérios, santificando os seus fiéis, fazendo deles hóstias vivas, santas e agradáveis a Deus. Nesta dimensão comunial sobressai a figura teológica do bispo. Ele é sacramento de Cristo, sacerdote, profeta e rei. Como tal, em sua grei, ele é o doutor eminente, cujas funções lhe são próprias e inerentes: ensinar, reger e santificar.

2.5. A teologia das Igrejas locais

A dimensão bíblico-patrística traz à eclesiologia uma redescoberta vital: o valor das Igrejas locais. Estamos no primeiro momento da caminhada histórica pós-apostólica. As grandes Igrejas, cujos nomes conhecemos pelos primeiros escritos dos Padres Apostólicos, encontram sua razão de ser a partir da *Lumen Gentium* e dos documentos a ela ligados: *Christus Dominus, Presbyterorum Ordinis, Ad Gentes* e outros. Estas Igrejas têm o seu centro na figura do bispo com o seu presbitério. Ele, como cabeça, a partir da sua ordenação, dá vida a ministérios e carismas próprios. Ligada a esta teologia está a revalorização das conferências episcopais. Embora criadas antes do Concílio, estas conferências adquirem um peso próprio e uma razão de ser eminentes. A teologia das conferências episcopais adquirem uma força particular com a doutrina da colegialidade dos bispos com o Papa.

2.6. A doutrina da colegialidade dos bispos

LG 22 é um dos números centrais. Uma Igreja local é verdadeiramente Igreja quando o bispo que a preside está em comunhão com os demais bispos e suas respectivas Igrejas. Sucessores dos apóstolos e participantes de sua colegialidade, que lhes é transmitida pela ordenação episcopal, os bispos são cabeça de sua Igreja. Estas Igrejas o bispo tem a missão divina de evangelizar. Com efeito, diz a primeira teologia do episcopado que, entre os "vários ministérios", "o lugar principal" é ocupado pelo múnus daqueles que, constituídos no episcopado, conservam os ramos da semente apostólica por uma sucessão que vem ininterrupta desde o começo. A *Lumen Gentium* é precisa: os bispos sucedem aos doze não individual mas sim "colegialmente". Quatro razões, sempre segundo *Lumen Gentium*, postulam a dimensão colegial. São elas: a existência documentada pelo Novo Testamento de um "colégio apostólico" tendo Pedro como chefe; a antiga disciplina da *communio* entre as Igrejas locais e os respectivos bispos; a celebração dos concílios, especialmente os ecumênicos; a praxe de consagrar os bispos colegialmente. Alguém é constituído membro do colégio episcopal pela sagração sacramental e pela comunhão hierárquica com o chefe e os membros do colégio. A colegialidade dos bispos é sacramental, em força de sua ordenação, e é jurídica. A consagração sacramental tem valor de causa eficiente, enquanto a comunhão hierárquica tem valor de condição indispensável para que a consagração possa operar a plena sucessão apostólica.

2.7. O sacramento da Ordem e sua divisão

LG 29 dirime e explicita a realidade do sacramento da Ordem. Desde a antiguidade ele é compreendido em três graus, a saber, episcopado, presbiterado e diaconado. O verbo "dirimir" é usado porque o Concílio Vaticano II explicita a afirmação de Trento, que dizia ter os graus do sacramento da Ordem sido instituídos por Cristo. O Concílio irá dizer que eles têm fundamento neotestamentário e como tais foram vividos na Igreja desde a antiguidade. Cristo quis os bispos como sucessores dos apóstolos. Com efeito, os bispos como um todo sucedem os apóstolos por explícita ordem de Cristo. Presbíteros e diáconos existem na Igreja pela inspiração do Espírito e como ação ministerial explícita dos apóstolos.

2.8. A teologia do Povo de Deus e suas consequências

Do primeiro ao último projeto do documento conciliar sobre a Igreja, muita coisa mudou, e de modo fundamental. Acredito, contudo, que a mudança mais profunda foi a colocação do Povo de Deus imediatamente após o capítulo da Igreja. Prefigurado no Antigo Testamento, este Povo de Deus possui riquezas inigualáveis. Ele nasce do costado aberto de Cristo, como Igreja Santa e Imaculada. Recebe também uma lei que o guiará em todos os momentos: a lei do amor. Não tem neste mundo sua morada permanente, mas caminha peregrinante pelas estradas do mundo, guiado pelo Espírito Santo e sustentado pela força dos sacramentos, máxime da Eucaristia, corpo e sangue do Senhor. Povo santo e sacerdotal, em seu seio encontram-se os ministérios e os carismas que o enriquecem sobremaneira. Povo católico e universal, os membros deste povo relacionam-se e são responsáveis por todos os homens e mulheres que habitam o seu próprio universo.

2.9. Uma Igreja em constante tensão

Quatro capítulos da *Lumen Gentium* retratam a vocação essencial da Igreja à santidade. São justamente os capítulos 4: os leigos; 5: vocação universal à santidade; 6: os religiosos; e 7: índole escatológica da Igreja peregrina e sua união com a Igreja celeste. Tais capítulos acentuam o objetivo intrínseco da Igreja, o que é essencial à sua existência: a santidade, a conformidade a Deus. Estes capítulos dizem que Deus tem que ter espaço no mundo. Santidade é Deus habitando em meio aos homens e mulheres, armando sua tenda em nosso meio, como diz São João no prólogo do seu Evangelho.

Santidade é novo nascimento, não da carne, mas do Espírito, de Deus. A Igreja santa existe para ser morada de Deus no mundo. A santidade confunde-se com a vocação universal da Igreja. Santidade é tensão escatológica, vocação comum a todos: leigos e leigas, religiosos e religiosas. A Igreja é chamada a se conformar com Cristo. Destarte ela se tornará instrumento de Deus no mundo. A vocação essencial da Igreja é ser sinal de Deus, clamando para que a humanidade dê espaço para Deus, habitando no mundo, tornando-se morada de Deus.

2.10. Maria, Mãe de Cristo e da Igreja

A inclusão do capítulo sobre Maria na *Lumen Gentium* tornou-se possível pelo fato de a Virgem Maria ser considerada figura e tipo da Igreja. Como Maria, a Igreja é Virgem e Mãe, antecipando a Igreja, sendo sua realização. Maria já é, hoje, ressuscitada em corpo e alma no céu, aquilo que a Igreja será amanhã. Inserindo Maria no documento sobre a Igreja, os Padres quiseram que ela se constituísse no ideal a ser perseguido pela Igreja, enquanto é considerada sua Mãe. Com esta colocação, a *Lumen Gentium* supera o que se poderia chamar de "mariolatria", bem como a concepção de uma Igreja puramente institucional, considerada de modo impessoal. "A perspectiva mariana da Igreja e a perspectiva eclesial, histórico-salvífica, de Maria nos reconduzem em última instância a Cristo e ao Deus trinitário, porque aqui se manifesta o que significa santidade, o que é a morada de Deus no homem e no mundo, o que devemos entender por tensão 'escatológica' da Igreja. Só assim o capítulo de Maria dá acabamento à eclesiologia conciliar e nos leva de volta ao seu ponto de partida cristológico e trinitário".[4]

---

[4]   RATZINGER, *A eclesiologia da Constituição "Lumen Gentium".*

3

Os desafios suscitados na atualidade pela releitura da Lumen Gentium

Quase cinquenta anos se passaram desde a publicação do documento sobre a Igreja. Faço, sem pretensões de ser absoluto, reflexões sobre alguns desafios que podem vir à mente de quem o lê pela primeira vez, ou o relê mais uma vez.

3.1. A compreensão do espírito que gerou a *Lumen Gentium*

O Concílio foi convocado no final da década de 1950 e realizado nos inícios da década de 1960. O mundo de então estava vivendo um momento mágico de sua história. Nem parece que foi somente há cinquenta anos! João XXIII sucede no pontificado a Pio XII. Não foi somente troca de pessoas, e sim uma verdadeira "revolução eclesial".

Muito já se escreveu a respeito. Conduzidos por dois hábeis "mestres de obra", João XXIII e Paulo VI, sucessivamente, mais de 2 mil operários trabalharam laboriosamente durante quatro períodos de mais ou menos três meses. Rasparam as pesadas paredes da Igreja, cobertas por tintas carregadas e de cores muitas vezes aberrantes.

Fizeram, então, a descoberta de um "afresco" bíblico-patrístico mostrando a Igreja original. A Igreja como foi vista em "figura" no Antigo Testamento, como foi realizada pela missão terrena de Jesus Cristo e foi vivida sob a moção do Espírito durante os primeiros séculos da história. Essa Igreja que está destinada a consumar-se na glória, quando Deus for tudo em todos.

Sem a compreensão desse espírito idealizador, os documentos conciliares, máxime a *Lumen Gentium*, não passarão de um repertório de citações colocadas entre aspas.

3.2. A necessidade de descobrir o "rosto de Cristo no rosto da Igreja"[5]

Ao iniciar as reflexões sobre a *Lumen Gentium*, falamos da preocupação dos bispos alemães no começo do Concílio: a dimensão eminentemente teológica, isto é, repropor Deus ao mundo. Mas Deus tem uma face concreta, visível, humana: Jesus Cristo. As pessoas querem encontrar Jesus Cristo. "Mostra-nos o Cristo", pediram os gregos ao apóstolo Filipe (Jo 12,21). "Mostra-nos o Pai", pediram os discípulos a Jesus na voz do mesmo Filipe (Jo 14,6). "Quem me vê, vê o Pai", é a resposta de Jesus. Ele é a luz que ilumina o caminho para o Pai.

Repropor Jesus Cristo, a "luz dos povos". Lindamente estas foram as primeiras palavras da *Lumen Gentium*: "Cristo é a luz dos povos. Por isso, este sagrado Concílio, congregado no Espírito Santo, deseja ardentemente que a luz de Cristo, refletida na face da Igreja ilumine todos os homens, anunciando o Evangelho a toda a criatura (cf. Mc

---

[5] O título é o de uma conferência do Cardeal José SARAIVA MARTINS, disponível em: http://www.vatican.va/roman_curia/congregations/csaints/documents/rc_con_csaints_doc_20021210_martins-rosto-de-cristo_po.html

16,15)". Este é o grande, o imenso desafio, "repropor" o Cristo da Igreja, isto é, Jesus Cristo do Novo Testamento, Jesus Cristo dos mártires, Jesus Cristo das primeiras reflexões dos Padres, Jesus Cristo da sadia teologia, Jesus Cristo dos sacramentos... Jesus Cristo, ontem, hoje e sempre (Hb 13,8). "A Igreja, à qual foi confiada a sublime missão de tornar presente e de revelar o rosto de Jesus Cristo aos homens, não é constituída somente pelas suas estruturas, mas também por todos os membros do Povo de Deus. Mediante a Encarnação, Ele uniu-se de certo modo a cada ser humano, mas está presente de maneira totalmente particular em cada um dos fiéis. Trata-se de uma presença tão íntima e profunda, que se pode manifestar em termos de identificação".[6]

Enfim, repropor Cristo com os testemunhos e os fatos. A este propósito, são sempre atuais as palavras do Papa Paulo VI: "O homem contemporâneo escuta de melhor boa vontade as testemunhas dos que os mestres, e, se escuta os mestres, é porque eles são testemunhas".[7]

3.3. A explicitação do sentido e extensão do colégio episcopal

Teológica e pastoralmente falando, um dos grandes desafios do pós-concílio têm sido a interpretação e vivência da colegialidade e do colégio episcopal. Sim, a Igreja foi fundada sobre Pedro-pedra à frente dos doze. Este foi colocado à frente dos doze como um colégio, um grupo estável, uma ordem, um corpo organizado. Jesus instituiu esses apóstolos "à maneira de colégio ou grupo estável",

---

[6] Ibid.

[7] PAULO VI, *Discurso aos membros do "Consilium de Laicis"*, 2 de outubro de 1974. In: *AAS* 66 (1974), 568 (apud *Saraiva Martins*, cf. nota 7).

ao qual prepôs Pedro escolhido entre eles. Há, pois, na Igreja uma colegialidade estrita e plena que é o corpo apostólico como sujeito do supremo e pleno poder sobre toda a Igreja, poder este que não se pode exercer senão com o consentimento do Romano Pontífice. Existe ainda uma atividade colegial expressada com os termos "solicitude de todas as Igrejas" e "união colegial" e "espírito colegial". Esta última "atividade colegial", embora não seja plena, é também atividade de verdadeira colegialidade e por isso tem um teor teológico e consistente.

Membro do colégio episcopal, o bispo é a cabeça de uma Igreja local, conservando-se em comunhão com os demais bispos e com o sucessor de Pedro. O episcopado, para o Concílio, não pode ser corretamente compreendido fora da articulação entre a Igreja local e a comunhão universal das Igrejas, das quais ele é o elemento de ligação. O Concílio afirma ainda que os bispos são sucessores dos apóstolos. Mais: a "colegialidade" dos doze é transmitida aos seus sucessores; por último, menciona as conferências episcopais.

Para fundamentar a doutrina sobre a colegialidade episcopal, o Concílio apresenta quatro fatos que testemunham em seu favor:

1. a existência documentada pelo Novo Testamento de um "colégio apostólico" tendo Pedro como chefe;

2. a antiga disciplina da *communio* entre as Igrejas locais e os respectivos bispos;

3. a celebração dos concílios, especialmente os ecumênicos;

4. a praxe de consagrar os bispos colegialmente.

A colegialidade goza, pois, de duas raízes: uma sacramental e outra jurídica. A raiz sacramental ressalta que a ordenação "de modo algum se refere só ao indivíduo como indivíduo, mas é, conforme sua natureza, inserção num todo, numa unidade de ministério, pelo que é essencial vencer o individualismo e participar numa tarefa comum"; a raiz jurídica, por seu turno, "não aparece como acréscimo exterior ao sacramento da Ordem, mas como seu desenvolvimento conatural", pelo qual chega ao seu sentido pleno. Devolveu-se ao sacramento a prioridade em relação à jurisdição: "A consagração sacramental tem valor de causa eficiente, enquanto a comunhão hierárquica tem valor de condição indispensável para que a consagração possa operar a plena sucessão apostólica".[8]

"O colégio episcopal, que sucede ao colégio apostólico nas tarefas de ensino, santificação e guia, em união com o Papa, seu chefe, e jamais sem ele, é sujeito do supremo e pleno poder sobre a Igreja universal. Não são dois poderes distintos; distintos são somente os dois sujeitos que o possuem em toda a sua extensão e intensidade: um sujeito singular, que é o sucessor de São Pedro, e um sujeito colegial, que é o corpo episcopal inteiro. Nenhum é superior ao outro, pois entre os dois há uma distinção inadequada, e nenhum dos dois pode compreender-se sem o outro. De fato, quando os bispos agem colegialmente, fazem-no sempre com o Papa, e quando o Papa age individualmente, fá-lo enquanto cabeça do colégio e sua expressão".[9]

3.4. Igrejas locais e Igreja universal

Um dos ganhos maiores da volta às fontes realizada pelo Concílio é a redescoberta da teologia da Igreja local.

---

[8] Apud ALMEIDA, Antonio José. Por uma Igreja ministerial: os ministérios ordenados e não ordenados no "Concílio da Igreja sobre a Igreja". *Ciberteologia*, abr.-jun. de 2005. Disponível em http://ciberteologia.paulinas.org.br/ ciberteologia/index.php/artigos/por-uma-igreja-ministerial-os-ministerios- -ordenados-e-nao-ordenados-no-concilio-da-igreja-sobre-a-igreja/

[9] Ibid.

É nela que acontece a plena e ativa participação de todo o Povo Santo de Deus nas mesmas celebrações litúrgicas, máxime na Eucaristia, numa única oração, junto a um só altar, presidido pelo bispo, cercado de seu presbitério e ministros. Estamos aqui em plena eclesiologia "sinfônica" de Santo Inácio de Antioquia em suas cartas.[10] O tema da Igreja local é apresentado pela *Lumen Gentium* em quatro números e em diferentes contextos.[11] LG 13 fala das Igrejas particulares, isto é, das Igrejas com as suas próprias tradições, seus ministérios e carismas que precisam ser valorizados para a harmonia da Igreja universal. LG 23 amplia o conceito. "Os bispos individualmente são o visível princípio e fundamento da unidade em suas Igrejas particulares, formadas à imagem da Igreja universal, nas quais e pelas quais existe a una e única Igreja católica". Estas Igrejas, presididas pelo seu bispo, têm a missão de santificar, ensinar e governar. Nelas está presente Cristo, cujo corpo e sangue comungamos. Nela os fiéis se transformam naqu'Ele que recebem. É nela que os bispos relacionam-se profundamente com os presbíteros. Eles congregam a família de Deus numa fraternidade que conduz à unidade. São eles que tornam presente, de certo modo, o seu bispo, bem como a própria Igreja universal.

"O Concílio recupera, assim, um dado fundamental do cristianismo primitivo, para o qual o primeiro significado da palavra *ecclesia* (na maioria das vezes, o de primeiro plano) se refere à Igreja local. Em outras palavras: a Igreja realiza-se num lugar em cada uma das suas Igrejas locais; estas não são simplesmente partes de um corpo maior administrativo; cada uma delas contém o todo da realidade

---

[10] INÁCIO DE ANTIOQUIA, Aos Magnésios 7; Aos Filadelfos 4; Aos Esmirnenses 8.

[11] Cf. *Lumen Gentium*, nn. 13, 23, 26 e 28.

'Igreja' [...]. A Igreja de Deus una, que existe, consta das Igrejas particulares, cada uma das quais representa o todo da Igreja."[12]

3.5. Aprofundamento trinitário e pneumatológico

O primeiro capítulo da *Lumen Gentium* trata da Igreja como sacramento da Trindade. Ela é ícone da Trindade.[13] Com efeito, na Trindade está a origem, o modelo e a meta da sociedade humana. Mais ainda. A Trindade é o regaço transcendente que envolve o mundo. Ela é a luz irradiante. Se a *Lumen Gentium* é o documento-chave para compreender o Vaticano II, o capítulo I é a síntese dessa intelecção. Ele afirma em seus números que a Igreja vem da Trindade, estrutura-se à imagem da Trindade, caminha para o seu acabamento trinitário pela força do Espírito Santo.

A Trindade responde às questões fundamentais sobre de onde vem a Igreja, o que ela é e para onde vai.

Por sua libérrima vontade, o Pai (LG 2) criou por amor. Após a falta de nossos primeiros pais, ele não abandonou a humanidade. Num gesto supremo de amor e por causa do Verbo, por cuja Palavra ele tudo criou, foi escolhido Abraão para ser o início de uma nova humanidade na fé. Este povo novo prefigura a Igreja que será fundada no sangue de seu Filho e constituída como sinal e sacramento de salvação de todos, do justo Abel ao último eleito. Esta é a origem da Igreja.

Mas a Igreja existe em Cristo e a partir de Cristo (LG 3). Jesus Cristo cumpre esse desígnio do Pai, dando início

---

[12] ALMEIDA, Por uma Igreja ministerial: os ministérios ordenados e não ordenados no "Concílio da Igreja sobre a Igreja".

[13] É o feliz título de um livro de Bruno Forte (2. ed. São Paulo: Loyola, 2005).

na terra ao Reino dos Céus e revelando o seu mistério e realizando a redenção. Sua ação continua na Igreja que presencializa na história a salvação até a consumação. Todas as pessoas, de todos os tempos, são chamadas a esta união com Cristo, luz do mundo, do qual viemos, por quem vivemos, e para o qual caminhamos.

Este caminho é guiado pela força do Espírito Santo (LG 4), Senhor e fonte de vida e condição para produzir frutos em Cristo. O Espírito Santo é a última determinação da Igreja. A Igreja não existe por si mesma, mas deve ser o instrumento de Deus, para reunir todas as pessoas nele e preparar o momento em que "Deus será tudo em todos". Sem o Espírito Santo o mundo da Igreja se transforma em um deserto e a sua ação torna-se uma luta pelo poder, pela supremacia e todas as manifestações de maldade... A ação do Espírito Santo faz da Igreja a grei, o regaço, o redil que acolhe todos os que creem em Cristo ou que de alguma forma se relacionam com Ele e estão destinados a Ele. Com sua ação o Reino vai acontecendo e se estendendo a todos os povos e nações.

A dimensão trinitária da Igreja trouxe consequências fundamentais. A primeira foi, sem dúvida, a recuperação bíblico-patrística da sua consciência. Supera-se a eclesiologia jurídica, de cunho gregoriano, em prol de uma eclesiologia de comunhão. Recupera-se a relação com o Reino de Deus e a dimensão de serviço ao mundo. Duas são as consequências desta visão:

1. Superação da eclesiologia jurídica. A Igreja passa a ser compreendida a partir de Deus, na sua dimensão vertical. Ela é o instrumento de Deus no mundo, local da proclamação da Boa-Nova do Reino de Deus, evangelizando todos os povos e nações.

2. Uma nova relação da Igreja com o Reino de Deus e com o mundo. A Igreja não se identifica com o Reino. Dele se torna sinal e instrumento. Esta única e verdadeira Igreja subsiste na Igreja Católica, que é governada pelo sucessor de Pedro com os bispos em comunhão com ele. Contudo, fora do corpo da Igreja se encontram elementos de santificação e de verdade (cf. LG 8).[14]

---

[14] Os parágrafos finais foram inspirados em HACKMANN, Geraldo Luiz Borges. A Igreja da *Lumen Gentium* e a Igreja da *Gaudium et Spes*. Disponível em http://docs.google.com/viewer?a = v&q = cache:YFOYLrKZ2pQJ:revist aseletronicas.pucrs.br/ojs/index.php/teo/article/view/1713/1246 + A + IG REJA + DA + LUMEN + GENTIUM + E + A + IGREJA + DA + GAUDIUM + ET + SPES&hl = pt-BR&gl = br&pid = bl&srcid = ADGEEShxivF5V3aVNdYojX7 CK-oWfGaPPTS6fFaFfe_0zstu-6JUkahKtAKzkSkUcQrQFAEq5yzw8Xvg6S-51SONY7SqweRk03cjdQvWtxIykJewxQwa-Qan1WNLUKM943kzPkF9tC3Rx &sig = AHIEtbTPaZJNUvbxX-NHx8Rk5D-tYqdY3g

4
O esquema da Constituição

A *Lumen Gentium* tem 69 artigos, distribuídos em oito capítulos.

1. O Mistério da Igreja (1-8)
2. O Povo de Deus (9-17)
3. A constituição hierárquica da Igreja e em especial o episcopado (18-29)
4. Os leigos (30-38)
5. A vocação de todos à santidade na Igreja (39-42)
6. Os religiosos (43-47)
7. A índole escatológica da Igreja peregrina e a sua união com a Igreja celeste (48-51)
8. A bem-aventurada Virgem Maria Mãe de Deus no mistério de Cristo e da Igreja (52-69)

   - Proêmio (52-54)

   - Função da bem-aventurada Virgem na economia da salvação (55-59)

   - A bem-aventurada Virgem e a Igreja (60-65)

   - O culto da bem-aventurada Virgem Maria na Igreja (66-67)

   - Maria, sinal de segura esperança e de consolação para o Povo de Deus peregrinante (68-69)

Texto e comentário
Constituição Dogmática
Lumen Gentium sobre a Igreja*

Paulo bispo servo dos servos de Deus
com os padres do Sagrado Concílio
para a perpétua memória

---

* O texto desta Constituição dogmática foi demoradamente discutido durante a segunda sessão. A propósito dos quatro capítulos (que depois seriam os seis primeiros capítulos), foram apresentadas cerca de 4 mil emendas. A Comissão teológica tomou à sua conta a modificação do texto. Para facilitar o trabalho da votação, foi proposto na 80ª Congregação geral, em 15 de setembro de 1964, um novo método, que seria por capítulos no seu conjunto e não por cada uma das emendas aceitas pela Comissão. Dos 2.204 Padres conciliares presentes a essa primeira Congregação geral da terceira sessão, 2.170 concordaram com o método proposto, 32 não concordaram e 2 entregaram voto nulo. No dia 16 de setembro, os Padres conciliares foram convidados a votar o capítulo primeiro (O mistério da Igreja): 2.189 votantes; 2.114 placet; 63 placet iuxta modum; 77 non placet; 1 nulo. Nos dois dias seguintes, foi a vez do capítulo segundo (O Povo de Deus): 2.190 votantes; 1.615 placet; 553 placet iuxta modum; 19 non placet; 3 nulos. O capítulo terceiro (A constituição hierárquica da Igreja e em especial o episcopado), depois de ter sido objeto de muitas votações parciais, foi dividido em duas partes, indo a primeira do n. 18 ao 23 e a segunda do n. 24 ao 29; para a primeira parte, a votação deu o seguinte resultado: 2.242 votantes; 1.624 placet; 572 placet iuxta modum; 42 non placet; 4 nulos. Para a segunda parte: 2.240 votantes 1.740 placet; 481 placet iuxta modum; 53 non placet; 2 nulos. O capítulo quarto (Os leigos) foi proposto à votação geral no dia 30 de setembro: 2.236 votantes; 2.152 placet; 76 placet iuxta modum; 8 non placet. O capítulo quinto (A vocação de todos à santidade na Igreja) foi votado no mesmo dia: 2.177 votantes; 1.856 placet; 302 placet iuxta modum; 17 non placet; 2 nulos. O capítulo sexto (Os religiosos): 2.189 votantes; 1.736 placet; 438 placet iuxta modum; 12 non placet; 3 nulos. O capítulo sétimo (O caráter escatológico da Igreja peregrina e a sua união com a Igreja celeste), depois de 4 sufrágios parciais, foi votado na 105ª Congregação geral: 2.148 votantes; 1.921 placet; 233 placet iuxta modum; 29 non placet; 1 nulo. O último capítulo (Maria Santíssima no mistério de Cristo e da Igreja) foi votado com um sufrágio único no dia 29 de outubro: 2.091 votantes; 1.559 placet; 521 placet iuxta modum: 10 non placet; 1 nulo. Depois de devidamente consideradas as modificações propostas, o texto definitivo foi sujeito globalmente à votação no dia 19 de novembro: 2.145 votantes; 2.134 placet; 10 non placet; 1 nulo. No dia 21 de novembro, a última votação teve o seguinte resultado: 2.151 placet e 5 non placet, após o que Sua Santidade Paulo VI promulgou solenemente a Constituição.

Capítulo I
O mistério da Igreja

Igreja, sacramento no Cristo

1. Cristo é a luz dos povos. Por isso, este sagrado Concílio, congregado no Espírito Santo, deseja ardentemente que a luz de Cristo, refletida na face da Igreja, ilumine todos os homens, anunciando o Evangelho a toda criatura

Capítulo I: O primeiro capítulo aborda a Igreja como mistério. Ela é sacramento de Cristo, pois esta foi a vontade salvífica do Pai, realizada na missão e obra do Filho. Nela está o fundamento primeiro e último da Igreja, que é vivificada e santificada pelo Espírito. Destarte ela será na terra a semente do Reino que vai se realizando em figuras que constituem o Corpo Místico de Cristo, fazendo da Igreja uma sociedade ao mesmo tempo visível e espiritual.

LG 1: Tudo começa em Cristo, com Cristo e por Cristo. O início da Constituição é decisivo para entendê-la por inteiro. "Cristo é a luz dos povos. Por isso, este sagrado Concílio, congregado no Espírito Santo, deseja ardentemente que a luz de Cristo, refletida na face da Igreja, ilumine todos os homens, anunciando o Evangelho a toda criatura (cf. Mc 16,15)". De Cristo a Igreja é sacramento, sinal elevado em meio às nações. As pessoas do nosso tempo, como os gregos pediram a Filipe, querem ver Cristo. Esclarecendo sua missão, a Igreja tem maiores condições de anunciá-lo em plenitude.

(cf. Mc 16,15). E, porque a Igreja é em Cristo como que sacramento, isto é, sinal e instrumento, da união íntima com Deus e da unidade de todo o gênero humano, retomando o ensino dos concílios anteriores, propõe-se explicar com maior clareza aos fiéis e ao mundo inteiro, a sua natureza e a missão universal. As presentes condições do mundo tornam ainda mais urgente este dever da Igreja, a fim de que todos os homens, hoje mais intimamente ligados por vínculos sociais, técnicos e culturais, alcancem também unidade total em Cristo.

O desígnio salvífico universal do Pai

2. O eterno Pai, por decisão inteiramente livre e insondável da sua bondade e sabedoria, criou o universo, decretou elevar os homens à participação da sua vida divina, e não os abandonou quando pecaram em Adão, antes lhes proporcionou sempre os auxílios necessários para se salvarem, na perspectiva de Cristo Redentor, que "é a Imagem do Deus invisível, o Primogênito de toda criatura" (Cl 1,15). A todos os eleitos o Pai, "que de antemão ele conheceu, esses também predestinou a serem conformes à imagem de seu Filho, a fim de ser ele o primogênito entre

---

LG 2: A Igreja é o mistério da aliança de Deus com o gênero humano. A ela toda a humanidade é chamada e destinada. Ela foi preparada com zelo e carinho pelo Pai na Antiga Aliança. Toda a história de Israel é tipo da Igreja. Realizada na morte, ressurreição de Cristo e efusão do Espírito Santo, a Igreja será consumada na glória no final dos tempos. Ela será, então, a Igreja universal junto do Pai. A missão da Igreja é tornar-se o lugar, o espaço e a comunidade onde a humanidade pode encontrar Deus em Jesus Cristo e ser santificada no seu Espírito Santo.

muitos irmãos" (Rm 8,29). Aos que acreditam em Cristo quis convocá-los na santa Igreja, a qual, já prefigurada desde a origem do mundo e preparada admiravelmente na história do povo de Israel e na antiga aliança,[1] e instituída "nos últimos tempos", foi manifestada pela efusão do Espírito, e será consumada em glória no fim dos séculos. Então, como se lê nos santos Padres, todos os justos, a começar por Adão, "desde o justo Abel até o último eleito",[2] serão congregados na Igreja universal junto do Pai.

Missão e obra do Filho

3. Veio pois o Filho, enviado pelo Pai, que ainda antes da criação do mundo nos escolheu nele e nele nos predestinou à filiação adotiva, porque lhe aprouve encabeçar em Cristo todas as coisas (cf. Ef 1,4-5.10). E Cristo, para cumprir a vontade do Pai, inaugurou na terra o reino dos céus, cujo mistério nos revelou; e, pela sua obediência, operou

---

[1] Cf. São Cipriano, Epist. 64,4: PL 3, 1017. CSEL (Hartel), III B, p. 720. Santo Hilário de Poitiers, In Mt 23,6: PL 9, 1047. — Santo Agostinho, passim. — São Cirilo de Alexandria, Glaph. in Gen., 2, 10: PG 6g, 110 A.

[2] Cf. São Gregório Magno, Hom in Evang. 19, 1: PL 76, 1154 B. Santo Agostinho, Serm. 341, 9, 11: PL 39, 1499ss. São João Damasceno, Adv. Iconocl., 11: PG 96, 1358.

LG 3: O ser humano foi eleito e adotado em Cristo antes da criação do mundo. Esta é a explícita vontade do Pai. Por isso Cristo começa na terra o Reino dos Céus, constituindo a Igreja como sinal e sacramento — ou melhor — semente deste Reino. Pela ação dos sacramentos, o Espírito Santo constrói e faz experimentar a unidade que o Pai preparou para o gênero humano. Iluminada por Cristo, constituída sinal elevado em meio às nações, a Igreja torna-se o lugar da experiência mais intensa do Reino trazido por Jesus!

a redenção. A Igreja, isto é, o Reino de Cristo já presente em mistério, cresce visivelmente no mundo pelo poder de Deus. Princípio e incremento significados pelo sangue e pela água que manaram do lado aberto de Jesus crucificado (cf. Jo 19,34) e anunciados pelas palavras do Senhor ao falar da sua própria morte na cruz: "E eu quando for levantado da terra atrairei todos a mim" (Jo 12,32 gr.). Sempre que no altar é celebrado o sacrifício da cruz, no qual Cristo, nossa páscoa, foi imolado (1Cor 5,7), atua-se a obra da nossa redenção. E juntamente com o sacramento do pão eucarístico é representada e realizada a unidade dos fiéis, que constituem um só corpo em Cristo (cf. 1Cor 10,17). Todos os homens são chamados a esta união com Cristo, que é a luz do mundo, do qual procedemos, pelo qual vivemos e para o qual tendemos.

O Espírito santificador da Igreja

4. Consumada a obra que o Pai confiara ao Filho para que ele a realizasse na terra (cf. Jo 17,4), no dia de Pentecostes foi enviado o Espírito Santo para santificar continuamente a Igreja e assim dar aos crentes acesso ao Pai, por Cristo, num só Espírito (cf. Ef 2,18). Este é o Espírito que

---

LG 4: A Igreja é criatura da Santíssima Trindade. O Espírito consuma a obra do Filho e faz com que os seres humanos tenham acesso ao Pai. Pelo Espírito, fonte de vida, o Pai santifica e vivifica a Igreja. Ele habita na Igreja e no coração dos fiéis, dando neles testemunho da adoção filial. É o Espírito quem realiza na Igreja todas as ações, rejuvenescendo-a e renovando-a constantemente. "Pois o Espírito e a Esposa dizem ao Senhor Jesus: 'Vem' (cf. Ap 22,17). Assim a Igreja universal aparece como o 'povo congregado na unidade do Pai e do Filho e do Espírito Santo'".

dá a vida, a fonte da água que jorra para a vida eterna (cf. Jo 4,14; 7,38-39); por ele, o Pai dá vida aos homens mortos pelo pecado, até que um dia ressuscitem em Cristo os seus corpos mortais (cf. Rm 8,10-11). O Espírito habita na Igreja e nos corações dos fiéis, como num templo (cf. 1Cor 3,16; 6,19): neles ora e dá testemunho de que são filhos adotivos (cf. Gl 4,6; Rm 8,15-16.26). Leva a Igreja ao conhecimento da verdade total (Jo 16,13), unifica-a na comunhão e no ministério, dota-a com diversos dons hierárquicos e carismáticos, com os quais a dirige e embeleza (cf. Ef 4,11-12; 1Cor 12,4; Gl 5,22). Com a força do Evangelho, faz ainda rejuvenescer a Igreja, renova-a continuamente e eleva-a à união consumada com o seu Esposo.[3] Pois o Espírito e a Esposa dizem ao Senhor Jesus: "Vem" (cf. Ap 22,17).

Assim a Igreja universal aparece como o "povo congregado na unidade do Pai e do Filho e do Espírito Santo".[4]

O Reino de Deus

5. O mistério da santa Igreja manifesta-se na fundação da mesma. Com efeito, o Senhor Jesus deu início à sua Igreja

---

[3]   Cf. Santo Ireneu, Adv. Haer. 111, 24, 1: PG 7, 966 B; Harvey 2, 131: ed. Sagnard, Sources Chr., p. 398.

[4]   São Cipriano, De Orat. Dom. 23: PL 4, 553: Hartel, 111 A, p. 285. — Santo Agostinho, Serm. 71, 20, 33: PL 38, 463ss. — São João Damasceno, Adv. Iconocl., 12: PG 96, 1358 D.

LG 5: A Igreja, ao pregar a Boa-Nova da chegada do Reino, transforma sua ação em acontecimento do Reino. Este, como a semente lançada no campo, vai realizando por força própria a germinação, o crescimento até a colheita final. O mesmo Jesus Cristo é o revelador do Reino, na força do Espírito, através de suas ações. Servidor da humanidade, continuamente Ele dá sua vida pregando a Boa-Nova, isto é, a vinda do Reino de Deus, prometido havia séculos nas Escrituras: "Cumpriu-se o tempo, e o Reino de Deus está próximo" (Mc 1,15; cf. Mt 4,17). Este reino manifesta-se claramente aos homens nas palavras, nas obras e na presença de Cristo. A palavra do Senhor é comparada à semente lançada ao campo (Mc 4,14): os que a ouvem com fé e pertencem ao pequeno rebanho de Cristo (Lc 12,32) acolheram o Reino de Deus; e então a semente germina por virtude própria e cresce até o tempo da ceifa (cf. Mc 4,26-29). Também os milagres de Jesus comprovam que o Reino de Deus já chegou à terra: "Contudo, se é pelo dedo de Deus que eu expulso os demônios, então o Reino de Deus já chegou a vós" (Lc 11,20; cf. Mt 12,28). Todavia, antes de mais nada, o reino manifesta-se na própria pessoa de Cristo, Filho de Deus e Filho do homem, que veio "para servir e dar a sua vida em resgate por muitos" (Mc 10,45).

Quando Jesus, depois de haver sofrido a morte na cruz pelos homens, ressuscitou, apareceu como Senhor, Messias e Sacerdote eterno (cf. At 2,36; Hb 5,6; 7,17-21), e derramou sobre os seus discípulos o Espírito prometido pelo Pai (cf. At 2,33). A partir de então a Igreja, enriquecida pelos dons do seu fundador e observando fielmente os seus preceitos de caridade, de humildade e de abnegação, recebe a missão de anunciar e instaurar em todas as gentes o Reino de Cristo e de Deus, e constitui ela própria

---

por ela. Após sua ressurreição, constituído sacerdote eterno, Jesus enviou o Espírito prometido pelo Pai, enriquecendo a Igreja com os dons necessários para anunciar e instaurar o Reino de Cristo e de Deus em meio a todos os povos. Esta Igreja, "no seu lento crescer, aspira ao reino perfeito, e com todas as suas forças espera e deseja unir-se ao seu Rei na glória".

na terra o germe e o início deste reino. Entretanto, no seu lento crescer, aspira ao reino perfeito, e com todas as suas forças espera e deseja unir-se ao seu Rei na glória.

As imagens da Igreja

6. Assim como no Antigo Testamento, a revelação do reino foi muitas vezes apresentada em figuras, também agora a natureza íntima da Igreja manifesta-se-nos por variadas imagens tiradas quer da vida pastoril ou agrícola, quer também da construção de edifícios ou da família e dos esponsais, já delineadas nos livros dos Profetas.

A Igreja é o redil, cuja porta única e necessária é Cristo (cf. Jo 10,1-10). É o rebanho, do qual o próprio Deus anunciou

---

LG 6: Como aconteceu no Antigo Testamento, também a Igreja de Jesus Cristo é apresentada em imagens significativas: vida pastoril ou agrícola, construção ou família. Redil de Cristo, rebanho do Pai, sempre alimentada e conduzida por Cristo, a Igreja dele recebeu sua vida. A Igreja é ainda comparada com a agricultura ou o campo de Deus, plantada pelo celeste agricultor como vinha eleita. Cristo dá vida e fecundidade aos sarmentos que, pela Igreja, permanecem n'Ele, sem o qual nada podem fazer. Como construção de Deus, a Igreja tem em Cristo a "pedra angular" que lhe dá firmeza e coesão. Ela é a casa de Deus, o seu tabernáculo, o templo santo edificado sobre pedras vivas. A Igreja é ainda a cidade santa, a Jerusalém do alto, a nossa mãe, a esposa do Cordeiro que a amou e por ela se entregou, santificando-a. Unido indissoluvelmente a ela, Jesus Cristo a alimenta e conserva, unindo-a a si no amor e na fidelidade, um amor que ultrapassa toda e qualquer compreensão. Peregrina nessa terra, a Igreja suspira pelos bens celestes e as coisas do alto. Lá Cristo está sentado à direita do Pai e a Igreja está escondida com Ele, esperando o dia de aparecer na glória.

que seria o Pastor (cf. Is 40,11; Ez 34,11ss), e cujas ovelhas, embora governadas por pastores humanos, são incessantemente conduzidas às pastagens e alimentadas pelo próprio Cristo, bom Pastor e Príncipe dos pastores (cf. Jo 10,11; 1Pd 5,4), que deu sua vida pelas ovelhas (cf. Jo 10,11-15).

A Igreja é a lavoura ou campo de Deus (cf. 1Cor 3,9). Neste campo cresce a oliveira antiga, cuja raiz santa foram os Patriarcas e na qual se obteve e completará a reconciliação dos judeus e dos gentios (Rm 11,13-26). Ela foi plantada pelo Agricultor celeste como vinha eleita (cf. Mt 21,33-43 par.; Is 5,1ss). Cristo é a vide verdadeira que comunica a vida e a fecundidade aos sarmentos, isto é, a nós que pela Igreja permanecemos nele e sem o qual nada podemos fazer (cf. Jo 15,1-5).

Mais frequentemente é a Igreja chamada edifício de Deus (cf. 1Cor 3,9). O próprio Senhor comparou a si mesmo com a pedra que os construtores rejeitaram, mas que se tornou pedra angular (cf. Mt 21,42 par.; cf. At 4,11; 1Pd 2,7; Sl 117,22). Sobre aquele fundamento a Igreja foi construída pelos apóstolos (cf. 1Cor 3,11), e dele recebe estabilidade e coesão. Este edifício toma vários nomes: casa de Deus (cf. 1Tm 3,15), na qual habita a sua família, morada de Deus pelo Espírito (Ef 2,19-22), "tenda de Deus entre os homens" (Ap 21,3) e, especialmente, templo santo, que os antigos Padres exaltaram, representado pelos santuários de pedra, e que a liturgia com muita razão compara à Cidade Santa, a Jerusalém nova.[5] Nela somos como pedras vivas, edifica-

---

[5] Cf. Orígenes, In Mat. 16, 21: PG 13, 1443 C; — Tertuliano, Adv. Marc., 3, 7: PL 2, 357 C; CSEL 47, 3 p. 386. Para os documentos cf. Sacramentarium Gregorianum: PL 78. 160s; ou C. Mohlberg, Liber Sacramentorum romanae ecclesiae, Roma, 1960, p. 111, XC: "Deus qui ex omni coaptatione sanctorum aeternum tibi condis habitaculum..." Hino Urbs Ierusalem beata, no breviário monástico e Coelestis urbs Ierusalem, no Breviário Romano.

dos aqui na terra em templo espiritual (cf. 1Pd 2,5). Cidade Santa, que João contempla na renovação final do mundo, a descer do céu, de junto de Deus, "pronta como uma esposa, que se enfeitou para o seu marido" (Ap 21,1ss).

A Igreja, que é ainda chamada "Jerusalém do alto" e "nossa mãe" (Gl 4,26; cf. Ap 12,17), é descrita também como esposa imaculada do Cordeiro imaculado (cf. Ap 19,7; 21,2.9; 22,17), que Cristo "amou [...] e se entregou por ela a fim de santificá-la" (Ef 5,25-26), que uniu a si em aliança indissolúvel, e que incessantemente "alimenta e dela cuida" (Ef 5,29); esposa que Jesus Cristo purificou e quis unida e sujeita a si no amor e na fidelidade (cf. Ef 5,24), e que, finalmente, encheu para sempre de bens celestes, a fim de que nós possamos compreender a caridade de Deus e de Cristo para conosco, caridade que excede todo conhecimento (cf. Ef 3,19). Mas enquanto, aqui na terra, a Igreja prossegue na sua peregrinação longe do Senhor (cf. 2Cor 5,6), busca e antegoza já agora, no exílio, as coisas do alto, onde Cristo está sentado à direita de Deus, onde a vida da Igreja se encontra escondida com Cristo em Deus, até aparecer refulgente de glória com o seu Esposo (cf. Cl 3,14).

A Igreja, corpo de Cristo

7. O Filho de Deus, unindo a si a natureza humana e vencendo a morte com a sua própria morte e ressurreição, remiu o homem, transformando-o em nova criatura

---

LG 7: Como o corpo à cabeça, a Igreja está continuamente unida a Cristo através dos sacramentos, o elo estável e indissolúvel. Por eles a vida de Cristo difunde-se nos que creem. O Batismo incorpora a Cristo na morte e ressurreição, e a Eucaristia realiza a comunhão com Ele, tornando efetivamente um só corpo. Cada

(cf. Gl 6,15; 2Cor 5,17). E, pela comunicação do Espírito, constituiu misticamente como seu corpo os seus irmãos, chamados de entre todas as gentes.

Neste corpo a vida de Cristo comunica-se aos crentes, que, através dos sacramentos, são unidos, de modo arcano mas real, a Cristo que sofreu e foi glorificado.[6] Com efeito, pelo Batismo configuramo-nos com Cristo: "Pois fomos todos batizados num só Espírito para ser um só corpo" (1Cor 12,13). Este rito sagrado significa e efetua a nossa união à morte e ressurreição de Cristo: "Pelo Batismo fomos sepultados com ele na morte"; e, se "nos tornamos uma coisa só com ele por morte semelhante à sua, seremos uma coisa só com ele também por ressurreição semelhante à sua" (Rm 6,4-5). Nós, participando realmente do corpo

---

[6] Cf. Santo Tomás, Summa Theol. III, q. 62, a. 5, ad 1.

---

membro da Igreja conserva sua unidade. Cada membro da Igreja conserva sua função conforme os dons que recebe do Espírito. Estes dons e ministérios constituem a riqueza da Igreja. Entre eles sobressai a graça dos apóstolos, a cuja autoridade estão submetidos também os carismáticos... Unificando o corpo, o Espírito produz e promove a caridade entre os fiéis, tanto no sofrimento como na alegria e honra. Cristo é a cabeça deste corpo. Com efeito, todas as coisas nele foram criadas. Tudo Ele domina, enchendo todo o seu corpo com as riquezas da sua glória. Todos os membros são chamados a se conformar com Cristo, até que Ele seja tudo em todos, glorificando o seu corpo. Pela ação do Espírito presente nos sacramentos, Cristo santifica, sustenta, e vivifica sua Igreja, distribuindo nela os diversos ministérios para prestar mutuamente serviços em ordem à salvação. Toda essa ação é dinamizada pela alma da Igreja, que é o Espírito Santo unificador. Ele conduz a Igreja até que alcance a plenitude de Deus.

do Senhor na fração do pão eucarístico, somos elevados à comunhão com ele e entre nós. "Já que há um único pão, nós, embora muitos, somos um só corpo, visto que todos participamos deste único pão" (1Cor 10,17). Assim nos tornamos, todos, membros desse corpo (cf. 1Cor 12,17), "e, cada um de nós, membro uns dos outros" (Rm 12,5). Assim como os membros do corpo humano, apesar de serem muitos, formam um corpo único, assim também os fiéis, em Cristo (cf. 1Cor 12,12). Também na edificação do corpo de Cristo há diversidade de membros e de funções. Único é o Espírito que, para bem da Igreja, distribui os seus vários dons conforme as suas riquezas e a necessidade de cada ministério (cf. 1Cor 12,1-11). De entre esses dons sobressai a graça própria dos apóstolos, a cuja autoridade o mesmo Espírito sujeitou também os carismáticos (cf. 1Cor 14). Ainda, é o próprio Espírito que, com a sua virtude e a coesão interna dos membros, produz e estimula a caridade entre os fiéis. Por isso, se algum membro sofre, sofrem com ele os demais; se um membro recebe glória, todos os outros se regozijam com ele (cf. 1Cor 12,26).

Cristo é a cabeça deste corpo. Ele é a imagem do Deus invisível, e nele foram criadas todas as coisas. Ele existe antes de todos, e tudo subsiste nele. Ele é a cabeça do corpo que é a Igreja. Ele é o princípio, o primogênito de entre os mortos, de modo que em tudo ele tem a primazia (cf. Cl 1,15-18). Com a grandeza do seu poder domina o céu e a terra, e com a sua eminente perfeição e com seu agir enche todo o corpo, das riquezas da sua glória (cf. Ef 1,18-23).[7]

---

[7]   Cf. Pio XII, Carta Enc. Mystici Corporis, 29 junho 1943: AAS 35 (1943) p. 208.

Todos os membros devem conformar-se com ele, até que neles se forme Cristo (cf. Gl 4,19). Por isso, somos incorporados nos mistérios da sua vida, somos configurados com ele, mortos e ressuscitados com ele, até que com ele reinaremos (cf. Fl 3,21; 2Tm 2,11; Ef 2,6; Cl 2,12 etc.). Durante a peregrinação terrena seguimos as suas pegadas na tribulação e na perseguição, associamo-nos à sua paixão como o corpo à cabeça, e sofremos com ele para com ele sermos glorificados (cf. Rm 8,17).

Dele, "todo o corpo alimentado e coeso, pelas juntas e ligamentos, realiza o seu crescimento em Deus" (Cl 2,19). Ele distribui continuamente ao seu corpo, que é a Igreja, os dons dos ministérios, pelos quais, graças ainda ao seu poder, nos ajudamos uns aos outros no caminho da salvação, para que, professando a verdade na caridade, cresçamos de todos os modos para ele, que é a nossa cabeça (cf. Ef 4,11-16, grego).

Para que possamos renovar-nos constantemente nele (cf. Ef 4,23), repartiu conosco o seu Espírito, o qual, sendo um só e o mesmo na cabeça e nos membros, vivifica, unifica, e dirige de tal modo o corpo inteiro, que a sua função pôde ser comparada pelos santos Padres àquela que a alma, princípio de vida, exerce no corpo humano.[8]

Cristo ama a Igreja como sua esposa, tornando-se o modelo do marido que ama a esposa como ao seu próprio corpo (cf. Ef 5,25-28); e a Igreja, por seu lado, está sujeita a Cristo, sua cabeça (Id. 23-24). "Porque nele habita

---

[8] Cf. Leão XIII, Carta Enc. Divinum Illud, 9 de maio de 1897: ASS 29 (1896-97) p. 650. Pio XII, Carta Enc. Mystici Corporis, 1. c. pp. 219-220: Denz. 2288 (3807). — Santo Agostinho, Serm. 268, 2: PL 38, 1232. — São João Crisóstomo, In Eph., Hom. 9,3: PG 62, 72. — Dídimo de Alex., Trin. 2, 1; PG 39, 449s. — Santo Tomás, In Col., 1, 18, lect. 5: Ed. Marietti, II, n. 46: Sicut constituitur unum corpus ex unitate animae, ita Ecclesia ex unitate Spiritus...

corporalmente toda a plenitude da divindade" (Cl 2,9), ele enche com os seus dons divinos a Igreja, que é o seu corpo e o seu complemento (cf. Ef 1,22-23), para que ela procure e alcance toda a plenitude de Deus (cf. Ef 3,19).

A Igreja, realidade visível e espiritual

8. Cristo, Mediador único, constituiu e sustenta indefectivelmente[9] sobre a terra, como organismo visível, a sua Igreja santa, comunidade de fé, de esperança e de caridade, e por meio dela comunica a todos a verdade e a

---

[9] Leão XIII, Carta Enc. Sapientiæ christianæ, 10 junho 1890: ASS 22 (1889-90) p. 392. Id., Carta Enc. Satis cognitum, 29 junho 1896: ASS 28 (1895-96) pp. 710 e 724ss. Pio XII, Carta Enc. Mystici Corporis, 1. c. pp. 199-200.

LG 8: Comunidade de fé, esperança e amor, a Igreja é, ao mesmo tempo, sociedade humana hierarquicamente organizada e comunidade ornada com os dons celestes. Destarte ela apresenta uma grande analogia com o Verbo encarnado. Como a natureza assumida serve ao Verbo divino de instrumento vivo de salvação, a estrutura social da Igreja serve ao Espírito de Cristo, que a vivifica, para o crescimento do corpo. Esta é a Igreja una, santa, católica e apostólica, conforme professamos no Credo. Após sua ressurreição, Jesus Cristo entregou e confiou a difusão e governo desta Igreja a Pedro e aos demais apóstolos. Esta Igreja, constituída e organizada neste mundo como sociedade, subsiste na Igreja católica, governada pelo sucessor de Pedro e pelos bispos em união com ele. Fora desta comunidade eclesial se encontram muitos elementos de santificação e de verdade. Como dons pertencentes à Igreja de Cristo, eles impelem para a unidade católica. Assim como Jesus Cristo realizou sua missão na pobreza e na abnegação, também a Igreja é chamada a seguir o seu exemplo. Ela não foi constituída para alcançar poder e glória, mas sim para

graça. Contudo, sociedade dotada de órgãos hierárquicos e corpo místico de Cristo, assembleia visível e comunidade espiritual, Igreja terrestre e Igreja já na posse dos bens celestes, não devem considerar-se como duas realidades, mas constituem uma realidade única e complexa, em que se fundem dois elementos, o humano e o divino.[10] Não é, por isso, criar uma analogia inconsistente comparar a Igreja ao mistério do Verbo encarnado. Pois, assim como a natureza assumida pelo Verbo divino lhe serve de órgão vivo de salvação, a ele indissoluvelmente unido, de modo semelhante a estrutura social da Igreja serve ao Espírito de Cristo, que a vivifica, para fazer progredir o seu corpo místico (cf. Ef 4,16).[11]

Esta é a única Igreja de Cristo, que no símbolo professamos una, santa, católica e apostólica,[12] e que o nosso Salvador, depois de sua ressurreição, confiou a Pedro para que ele a apascentasse (cf. Jo 21,17), encarregando-o, assim como aos demais apóstolos, de a difundirem e de a governarem (cf. Mt 28,18ss), levantando-a para sempre como "coluna e sustentáculo da verdade" (1Tm 3,15).

---

[10] Cf. Pio XII, Carta Enc. Mystici Corporis, 1. c., p. 221ss. Id., Carta Enc. Humani Generis, 12 agosto 1950: AAS 42 (1950) p. 571.

[11] Leão XIII, Carta Enc. Satis cognitum, 1 c., p. 713.

[12] Cf. Symbolum Apostolicum: Denz. 6-9 (10-13); Symb. Nic.-Const.: Denz. 86 (41); col. Prof. fidei Trid.: Denz. 994 e 999 (1862 e 1868).

---

evangelizar os pobres... sarar os contritos de coração, procurar e salvar o que perecera... Contendo santos e pecadores em seu seio, a Igreja é chamada a exercitar continuamente a penitência e a renovação. Vivendo em meio às perseguições do mundo e as consolações de Deus, a Igreja é robustecida pela força do Senhor e do seu Espírito até que se manifeste em plena luz na casa do Pai.

Esta Igreja, como sociedade constituída e organizada neste mundo, subsiste na Igreja católica, governada pelo sucessor de Pedro e pelos bispos em comunhão com ele,[13] ainda que fora do seu corpo se encontrem realmente vários elementos de santificação e de verdade, que, na sua qualidade de dons próprios da Igreja de Cristo, conduzem para a unidade católica.

Do mesmo modo que Jesus Cristo consumou a sua obra de redenção na pobreza e na perseguição, assim também a Igreja é chamada a seguir o mesmo caminho para poder comunicar aos homens os frutos da salvação. Cristo Jesus, tendo "condição divina [...] esvaziou-se a si mesmo e assumiu a condição de servo" (Fl 2,6-7) e por causa de nós "ele que era rico, fez-se pobre" (2Cor 8,9): assim a Igreja, se bem que precise de recursos humanos para cumprir a sua missão não foi constituída para buscar glórias terrenas, mas para dar a conhecer, também com seu exemplo, a humildade e a abnegação. Cristo foi enviado pelo Pai "para evangelizar os pobres [...] para proclamar a remissão aos presos" (Lc 4,18), "para procurar e salvar o que estava perdido" (Lc 19,10): de modo semelhante a Igreja envolve em seus cuidados amorosos todos os angustiados pela fraqueza humana, e mais, reconhece nos pobres e nos que sofrem a imagem do seu Fundador, pobre e sofredor, esforça-se por aliviar-lhes a indigência, e neles quer servir a Cristo. Mas enquanto Cristo "santo, inocente, imaculado" (Hb 7,26), não conheceu o pecado (cf. 2Cor 5,21), e veio expiar unicamente os pecados do povo (cf. Hb 2,17), a Igreja, que reúne em seu seio os pecadores, é

---

[13] Diz-se: "Sancta (catholica apostolica) Romana Ecclesia": na Prof. fidei Trid., 1 cit. e Conc. Vat. I, Sess. III, Const. dogm. "de fidei cath.": Denz. 1782-(3001).

ao mesmo tempo santa, e sempre necessitada de purificação, sem descanso dedica-se à penitência e à renovação.

A Igreja "continua o seu peregrinar entre as perseguições do mundo e as consolações de Deus",[14] anunciando a paixão e a morte do Senhor, até que ele venha (cf. 1Cor 11,26). No poder do Senhor ressuscitado encontra a força para vencer, na paciência e na caridade, as próprias aflições e dificuldades, internas e exteriores, e para revelar ao mundo, com fidelidade, embora entre sombras, o mistério de Cristo, até que no fim dos tempos ele se manifeste na plenitude de sua luz.

---

[14] Santo Agostinho, Civ. Dei, XVIII, 51, 2: PL 41. 614.

Capítulo II
O Povo de Deus

Nova aliança e novo povo

9. Em qualquer tempo e nação, é aceito por Deus todo aquele que o teme e pratica a justiça (cf. At 10,35). Aprouve, no entanto, a Deus santificar e salvar os homens, não individualmente, excluindo toda a relação entre eles,

---

Capítulo II: O segundo capítulo trata do Povo de Deus, com quem Ele fez uma nova e eterna aliança. Ele foi constituído como um povo sacerdotal. Dele sai, para servir, o sacerdócio ministerial. O sacerdócio comum desse povo é exercitado nos sacramentos. Ele vive ainda da fé e dos carismas que o Espírito distribui. É único, universal e católico, subsistindo na única Igreja católica, que é necessária para a salvação. Possui vínculos com os cristãos não católicos, relacionando-se com os não cristãos, pessoas religiosas ou de boa vontade. A fim de que se constitua na terra o único Povo de Deus, a Igreja é missionária por essência.

LG 9: O projeto de Deus, embora não renegue quem age corretamente e com justiça, é de salvar os seres humanos em comunidade. Para isso escolheu um povo, estabelecendo com ele uma aliança e tornando-o sinal de seu amor e predileção para com a humanidade. O povo de Israel é figura do que Deus realizaria em seu Filho, Verbo encarnado, em quem Deus estabeleceu a nova aliança, prometida anteriormente. Esta nova aliança instituiu-a Cristo, o novo testamento no Seu sangue, chamando o

mas formando com eles um povo, que o conhecesse na verdade e o servisse em santidade. E assim escolheu Israel para seu povo, estabeleceu com ele uma aliança, e o foi instruindo gradualmente, manifestando, na própria história do povo, a si mesmo e os desígnios da sua vontade e santificando-o para si. Tudo isto aconteceu como preparação e figura daquela aliança nova e perfeita, que haveria de ser selada em Cristo, e da revelação mais plena que havia de ser comunicada pelo próprio Verbo de Deus, feito carne. "Eis que dias virão, oráculo de Javé, em que selarei com a casa de Israel (e com a casa de Judá) uma aliança nova [...]. Eu porei minha lei no seu seio e a escreverei no seu coração. Então eu serei o seu Deus e eles serão meu povo. Todos me conhecerão, dos menores aos maiores, oráculo de Javé" (Jr 31,31-34). Cristo estabeleceu este novo pacto, isto é, a nova aliança do seu sangue (cf. 1Cor 11,25), formando, dos judeus e dos gentios, um povo que realizasse a sua própria unidade, não segundo a carne

---

Seu povo de entre os judeus e os gentios, para formar o Povo de Deus, não segundo a carne mas no Espírito. Este povo será a raça escolhida, sacerdócio real, nação santa, povo conquistado... que outrora não era povo, mas agora é Povo de Deus... Deste povo Cristo é a cabeça, e em seus corações, como num templo, habita o Espírito Santo. A lei fundamental deste povo é amar como Cristo amou. Para o gênero humano, embora muitas vezes esse povo não passe de um pequeno rebanho, o Povo de Deus é firme germe de unidade, de esperança e de salvação. Este povo é Igreja de Cristo, que Ele adquiriu com o Seu próprio sangue, encheu-a com o Seu espírito e dotou-a dos meios convenientes para a unidade visível e social. Confortada pela força da graça de Deus e com a ação do Espírito Santo a Igreja não pode cessar de se renovar até que, pela cruz, chegue à luz que não conhece ocaso.

mas no Espírito, e constituísse o novo Povo de Deus. Os que creem em Cristo, renascidos de uma semente não corruptível mas incorruptível pela palavra do Deus vivo (cf. 1Pd 1,23), não da carne, mas da água e do Espírito Santo (cf. Jo 3,5-6), constituem "uma raça eleita, um sacerdócio real, uma nação santa, o povo de sua particular propriedade [...] que outrora não o era, mas agora é o Povo de Deus" (1Pd 2,9-10).

Este povo messiânico tem por cabeça Cristo, "o qual foi entregue por causa dos nossos crimes e ressuscitou para nossa justificação" (Rm 4,25), e que agora, havendo recebido um nome que está acima de todo o nome, reina gloriosamente nos céus. Este povo tem por condição a dignidade e a liberdade dos filhos de Deus, em cujos corações habita o Espírito Santo como em seu templo. Tem por lei o mandamento novo, de amar como Cristo nos amou (cf. Jo 13,34); e finalmente tem como finalidade, o Reino de Deus, começado já na terra pelo próprio Deus e que deve ser continuamente desenvolvido até que no fim dos séculos seja por ele completado, quando Cristo, nossa vida, aparecerá (cf. Cl 3,4), e toda a criação "também será libertada da escravidão da corrupção, para entrar na liberdade da glória dos filhos de Deus" (Rm 8,21). Assim o povo messiânico, ainda que não abranja de fato todos os homens e repetidas vezes se pareça com um pequeno rebanho, é para toda a humanidade um germe validíssimo de unidade, de esperança e de salvação. Constituído por Cristo numa comunhão de vida, de caridade e de verdade, é assumido por ele para ser instrumento da redenção universal, e como luz do mundo e sal da terra (cf. Mt 5,13-16), é enviado ao mundo inteiro.

Do mesmo modo que Israel segundo a carne, peregrino no deserto, é já chamado Igreja de Deus (Ne 13,1; cf.

Nm 20,4; Dt 23,1ss), assim também o novo Israel do tempo atual, que anda em busca da cidade futura e permanente (cf. Hb 13,14), se chama Igreja de Cristo (cf. Mt 16,18), porque ele a conquistou com seu sangue (cf. At 20,28), a encheu do seu Espírito e a dotou com meios aptos para uma união visível e social. Deus convocou a assembleia dos que em Jesus veem, com fé, o autor da salvação e o princípio da unidade e da paz, e com eles constituiu a Igreja, a fim de que ela seja, para todos e cada um, o sacramento visível desta unidade salvadora.[1] A Igreja, devendo-se estender a todas as regiões, entra na história dos homens, porém, ao mesmo tempo transcende o tempo e os confins dos povos. E, ao caminhar por entre as tentações e as provas, ela é fortalecida pelo conforto da graça de Deus, que o Senhor lhe prometera, para que, na fraqueza da carne, não se afaste da fidelidade perfeita, mas se conserve sempre como esposa digna do seu Senhor e nunca deixe de renovar-se pela ação do Espírito Santo, até que, pela cruz, atinja aquela luz que não conhece ocaso.

Sacerdócio comum

10. Cristo Senhor, Pontífice tomado de entre os homens (cf. Hb 5,1-5), fez do novo povo "um reino de sacerdotes para Deus, seu Pai" (cf. Ap 1,6; cf. 5,9-10). Com

---

[1] Cf. São Cipriano, Epist. 69, 6: PL 3, 1142 D; Hartel 3 B, p. 754; "inseparabile unitatis sacramentum".

LG 10: Todos os batizados e batizadas, pela regeneração batismal e a unção do Espírito Santo, foram consagrados como casa espiritual, sacerdócio santo, a fim de que, por meio de suas obras, ofereçam oblações espirituais e anunciem os louvores daquele que

efeito, pela regeneração e unção do Espírito Santo, os batizados são consagrados para serem edifício espiritual e sacerdócio santo, a fim de, por todas as obras do cristão, oferecerem sacrifícios espirituais e proclamarem as grandezas daquele que das trevas os chamou para a sua luz maravilhosa (cf. 1Pd 2,4-10). Assim, todos os discípulos de Cristo, perseverando juntos na oração e no louvor de Deus (cf. At 2,42-47), ofereçam-se a si mesmos como hóstia viva, santa, agradável a Deus (cf. Rm 12,1); deem testemunho de Cristo em toda a parte; e, àqueles que por isso se interessarem, falem da esperança, que está neles, da vida eterna (cf. 1Pd 3,15).

O sacerdócio comum dos fiéis e o sacerdócio ministerial ou hierárquico, apesar de diferirem entre si essencialmente e não apenas em grau, ordenam-se um para o outro; de fato, ambos participam, cada qual a seu modo, do sacerdócio único de Cristo.[2] O sacerdote ministerial, pelo poder sagrado de que é investido, organiza e rege o povo sacerdotal, oferece o sacrifício eucarístico na pessoa de Cristo em nome de todo o povo; por seu lado os fiéis, em virtude do seu sacerdócio régio, têm também parte na

---

[2] Cf. Pio XII, Aloc. Magnificate Dominum, 2 nov. 1954: AAS 46 (1954) p. 669. Carta Enc. Mediator Dei, 20 nov. 1947: AAS 39 (1947) p. 555.

---

das trevas os chamou à sua admirável luz. Perseverando na oração e louvando a Deus, ofereçam-se a si mesmos como hóstias vivas, santas, agradáveis a Deus. Estejam sempre preparados para darem testemunho de sua fé e da esperança da vida eterna que os sustenta. Este sacerdócio, embora se diferencie essencialmente e em grau do sacerdócio comum dos fiéis, ordena-se mutuamente a ele. Um e outro participam, a seu modo, do único sacerdócio de Cristo.

oblação da Eucaristia,[3] e exercem o sacerdócio na recepção dos sacramentos, na oração e na ação de graças, no testemunho de uma vida santa, na abnegação e na caridade operante.

O exercício do sacerdócio comum nos sacramentos

11. A índole sagrada e estrutura orgânica da comunidade sacerdotal exercem-se nos sacramentos e na prática das virtudes. Os fiéis, incorporados na Igreja pelo Batismo,

---

[3] Cf. Pio XI, Carta Enc. Miserentissimus Redemptor, 8 maio 1928: AAS 20 (1928) p. 171s. — Pio XII, Aloc. Vous vous avez, 22 set. 1956: AAS 48 (1956) p. 714.

LG 11: A efetivação da comunidade cristã encontra-se nos sacramentos e nas virtudes. É a realidade batismal que dá condições para que se confesse a fé recebida da Igreja. Pela força recebida na Confirmação, a perfeita vinculação à Igreja obriga os crentes a testemunhar, difundindo e defendendo, a fé por palavras e obras. A Eucaristia, augustíssimo sacramento, vivida na liturgia e recebida na comunhão, manifesta e realiza visivelmente a unidade do Povo de Deus. O sacramento da Penitência concede o misericordioso perdão de Deus e a reconciliação com a Igreja, ferida pelo pecado pessoal e social da comunidade cristã. A santa Unção, mediante a oração dos presbíteros, recomenda a pessoa enferma ao Senhor da vida para que a salve. O sacramento da Ordem constitui os ministros como pastores para apascentarem a Igreja com a palavra e sustentarem-na com a graça dos sacramentos. O sacramento do Matrimônio constitui os cônjuges como sacerdotes da vida e Igreja doméstica. Por sua união e pela procriação dos filhos e filhas, criam cidadãos da sociedade humana e filhos da Igreja pelo sacramento do Batismo. São tantos os meios de salvação que os fiéis, qualquer que seja sua condição ou estado, podem atingir a perfeição para a qual o Senhor os chama e cada um por seu caminho.

recebem o caráter que os delega para o culto cristão, e, renascidos como filhos de Deus, são obrigados a professar diante dos homens a fé que pela Igreja receberam de Deus.[4] Pelo sacramento da Confirmação vinculam-se mais perfeitamente à Igreja e recebem especial vigor do Espírito Santo, e assim ficam mais seriamente comprometidos, como testemunhas verdadeiras de Cristo, a difundir e defender a fé por palavras e por obras.[5] Participando no sacrifício eucarístico, fonte e ponto culminante de toda a vida cristã, oferecem a Deus a Vítima divina e a si mesmos com ela;[6] e assim, tanto pela oblação como pela sagrada comunhão, todos realizam a sua própria parte na ação litúrgica, não de maneira indistinta, mas cada qual a seu modo. Alimentando-se do Corpo de Cristo na santa assembleia, manifestam concretamente a unidade do Povo de Deus, por este augustíssimo sacramento felizmente expressa e admiravelmente produzida.

Aqueles que se aproximam do sacramento da Penitência obtêm da misericórdia de Deus o perdão da ofensa que lhe fizeram e, ao mesmo tempo, reconciliam-se com a Igreja que feriram pelo pecado, a qual procura levá-los à conversão pela caridade, pelo exemplo e pela oração. Pela santa Unção dos Enfermos e a oração dos sacerdotes, toda a Igreja encomenda os doentes ao Senhor, que sofreu e foi glorificado, para que ele os alivie e salve (cf. Tg 5,14-16), e exorta-os a unirem-se livremente à paixão e morte de Cristo (cf. Rm 8,17; Cl 1,24; 2Tm 2,11-12; 1Pd 4,13), e a contribuírem assim para o bem do Povo de Deus. Por sua

---

[4] Cf. Santo Tomás, Summa Theol. 111, q. 63, a. 2.

[5] Cf. São Cirilo de Jerusalém, Catech. 17, de Spiritu Sancto, II, 35-37: PG 33, 1009-1012. Nicolau Cabásilas, De Vita in Christo. Liv. III, de utilitate chrismatis: PG 150, 569-580. Santo Tomás, Summa Theol. III, q. 65. a. 3 e q. 72, a. 1 e 5.

[6] Cf. Pio XII, Carta Enc. Mediator Dei, 20 nov. 1947: AAS 39 (1947), principalmente p. 552s.

vez, os fiéis que chegam a receber as sagradas ordens, ficam, em nome de Cristo, destinados a apascentar a Igreja, com a palavra e a graça de Deus. Finalmente os esposos cristãos, pela virtude do sacramento do Matrimônio, que faz com que eles sejam símbolos do mistério de unidade e de amor fecundo entre Cristo e a Igreja, e que do mesmo mistério participam (cf. Ef 5,32), ajudam-se mutuamente a conseguir a santidade na vida conjugal e na aceitação e educação dos filhos, e gozam, para isso, no estado e na função que lhes são próprios, de um dom característico dentro do Povo de Deus (cf. 1Cor 7,7).[7] É realmente desta união que procede a família, na qual nascem os novos cidadãos para a sociedade humana, os quais, pela graça do Espírito Santo e pelo Batismo, se tornam filhos de Deus para perpetuarem através dos séculos o Povo de Deus. Nesta, que se poderia chamar Igreja doméstica, os pais devem ser para os filhos, pela palavra e pelo exemplo, os primeiros arautos da fé, e fomentar a vocação própria de cada um, com especial cuidado para a vocação sagrada.

Dispondo de meios tão numerosos e eficazes, todos os cristãos, qualquer que seja a sua condição ou estado, são chamados pelo Senhor a procurarem, cada um por seu caminho, a perfeição daquela santidade pela qual é perfeito o próprio Pai celeste.

O sentido da fé e os carismas no Povo de Deus

12. O Povo Santo de Deus participa também da missão profética de Cristo: quando lhe dá testemunho vivo,

---

[7] 1Cor 7,7: "Unusquisque proprium donum (idion charisma) habet ex Deo: alius quidem sic, alius vero sic". Cf. Santo Agostinho, De Dono Persev., 14, 37: PL 45, 1015ss. "Non tantum continentia Dei donum est, sed coniugatorum etiam castitas".

especialmente por uma vida de fé e de caridade, e quando oferece a Deus o sacrifício de louvor, fruto dos lábios que glorificam o seu nome (cf. Hb 13,15). A totalidade dos fiéis, que receberam a unção que vem do Espírito Santo (cf. 1Jo 2,20 e 27), não pode enganar-se na fé, e manifesta esta sua propriedade característica através do sentido sobrenatural da fé do povo inteiro, quando, "desde os bispos até os últimos fiéis leigos",[8] exprime o seu consenso universal a respeito das verdades de fé e costumes. Graças a este sentido da fé, que é suscitado e amparado pelo Espírito de verdade, o Povo de Deus, sob a orientação do sagrado magistério e na fiel obediência a ele, recebe, não uma palavra humana, mas o que realmente é, a Palavra de Deus (cf. 1Ts 2,13), adere indefectivelmente à fé, transmitida aos santos de uma vez para sempre (cf. Jd 3), penetra-a mais

---

[8]   Cf. Santo Agostinho, De Praed. Sanct., 14, 27: PL 44, 980.

LG 12: Como profetas que são pela fé batismal, o Povo de Deus, em sua totalidade, não pode enganar-se na fé. Esta propriedade peculiar manifesta-se por meio do sentir sobrenatural da fé do povo todo, quando este, desde os bispos até o último dos leigos fiéis, manifesta consenso universal em matéria de fé e costumes. Sob a direção do sagrado magistério, este povo penetra mais profundamente na fé, com juízo acertado, aplicando-a totalmente à vida. Este mesmo povo, pela ação do Espírito Santo, é dotado de dons e carismas para exercer sua missão. Quer se trate de carismas elevados, quer sejam carismas simples e comuns, eles devem ser sempre recebidos como dons da graça. O juízo sobre a autenticidade dos carismas e o seu reto uso é dado pelos pastores que presidem na Igreja. A eles compete não extinguir o Espírito, mas julgar tudo e conservar o que é bom.

profunda e convenientemente, e transpõe-na para a vida com maior intensidade.

Além disso, o mesmo Espírito Santo não se limita a santificar e a dirigir o Povo de Deus por meio dos sacramentos e dos ministérios, e a orná-lo com as virtudes, mas também, nos fiéis de todas as classes, "distribui individualmente e a cada um, como lhe apraz", os seus dons (1Cor 12,11), e as graças especiais, que os tornam aptos e disponíveis para assumir os diversos cargos e ofícios úteis à renovação e maior incremento da Igreja, segundo aquelas palavras: "A cada qual [...] se concede a manifestação do Espírito para utilidade comum" (1Cor 12,7). Devem aceitar-se estes carismas com ação de graças e consolação, pois todos, desde os mais extraordinários aos mais simples e comuns, são perfeitamente acomodados e úteis às necessidades da Igreja. Não devemos pedir temerariamente estes dons extraordinários, nem esperar deles com presunção os frutos das obras apostólicas; é aos que governam a Igreja que pertence julgar da sua genuinidade e da conveniência do seu uso, e cuidar especialmente de não extinguir o Espírito, mas tudo ponderar, e reter o que é bom (cf. 1Ts 5,12 e 19-21).

Universalidade ou catolicidade do único Povo de Deus

13. Todos os homens são chamados a formar o novo Povo de Deus. Por isso, este povo, permanecendo uno e único, deve dilatar-se até os confins do mundo e em todos os tempos, para se dar cumprimento ao desígnio de Deus

---

LG 13: Toda a humanidade é destinada a ser Povo de Deus. Deus criou a humanidade una e única e para resgatá-la enviou o seu Filho, constituído rei e sacerdote de todo o povo santo. Após

que, no princípio, criou a natureza humana una e estabeleceu congregar finalmente na unidade todos os seus filhos que andavam dispersos (cf. Jo 11,52). Para isto mandou Deus o seu Filho, a quem constituiu herdeiro de todas as coisas (cf. Hb 1,2), para ser o Mestre, o Rei e o Sacerdote de todos, a cabeça do povo novo e universal dos filhos de Deus. Para isto, enfim, mandou Deus o Espírito do seu Filho, o Espírito soberano e vivificante que é, para toda a Igreja e para todos e cada um dos crentes, o princípio da união e da unidade na doutrina dos apóstolos, na união fraterna, na fração do pão e nas orações (cf. At 2,42, gr.).

Assim, o único Povo de Deus estende-se a todos os povos da terra, dentre os quais vai buscar os seus membros, cidadãos de um reino de natureza celeste e não terrena. De fato, todos os fiéis espalhados pelo mundo mantêm-se em

---

sua morte e ressurreição, entronizado na glória, Ele enviou o Espírito Santo, Senhor e fonte de vida, como princípio de agregação e de unidade na doutrina e na comunhão dos apóstolos, na fração do pão e na oração. O Povo de Deus pertence a todos os povos da terra. Ao ser implantado em meio a uma determinada sociedade humana, esse povo nada subtrai de suas riquezas, mas fomenta e assume as qualidades, as riquezas, os costumes e o modo de ser de cada povo. À medida que eles são bons, os assume, purifica, fortalece e eleva. Esta é a dimensão católica da comunidade cristã. Embora permaneça a diversidade das raças, as diversas funções de cada um em seu meio e as comunidades particulares que formam, todos as pessoas são chamadas a esta unidade católica do Povo de Deus, que anuncia e promove a paz universal. A esta unidade pertencem, de vários modos, ou a ela se ordenam, quer os católicos, quer os outros que acreditam em Cristo, quer, finalmente, todas as pessoas em geral. Com efeito, pela graça de Deus, ninguém se encontra fora do chamado à salvação.

comunhão com os demais no Espírito Santo e assim "aquele que reside em Roma sabe que os índios são membros seus".[9] Mas porque o Reino de Deus não é deste mundo (cf. Jo 18,36), a Igreja ou Povo de Deus, instaurando este reino não subtrai nada ao bem temporal de cada povo, antes, pelo contrário, fomenta e assume as possibilidades, os recursos e o estilo de vida dos povos, naquilo que têm de bom, e, ao assumi-los, purifica-os, consolida-os e eleva-os. Ela sabe que tem de reunir-se com aquele Rei a quem todos os povos foram dados por herança (cf. Sl 2,8) e para cuja cidade levam os seus dons e as suas ofertas (cf. Sl 71[72],10; Is 60,4-7; Ap 21,24). Este caráter de universalidade que adorna o Povo de Deus é um dom do próprio Senhor, graças ao qual a Igreja tende constante e eficazmente para recapitular em Cristo, sua cabeça, na unidade do Espírito, a humanidade inteira, com tudo o que ela tem de bom.[10]

Por força desta catolicidade, cada parte contribui com os seus dons peculiares para as demais e para toda a Igreja, de modo que o todo e cada parte crescem por comunicação mútua e pelo esforço comum em ordem a alcançar a plenitude na unidade. É por isso que o Povo de Deus não só reúne povos diversos, mas ainda em si mesmo se desenvolve a união das várias ordens. Com efeito, entre os seus membros reina a diversidade, quer nos cargos, e assim alguns exercem o sagrado ministério para o bem dos seus irmãos, quer na condição e no modo de vida, quando muitos no estado religioso, procurando a santidade por um caminho mais estreito, são um estímulo e exemplo para os seus Irmãos. É ainda por este motivo que existem legitimamente,

---

[9] Cf. São João Crisóstomo, In Io. Hom. 6s, 1: PG 59, 361.

[10] Cf. Santo Ireneu, Adv. Haer. III, 16, 6; III, 22, 1-3: PG 7, 925 C-926 A e 958 A; Harvey 2, 87 e 120-123. Sagnard, Ed. Sources Chrét., pp. 290-292 e 372ss.

no seio da comunhão eclesial, Igrejas particulares, gozando de tradições próprias, sem prejuízo do primado da cátedra de Pedro, que preside à comunhão universal da caridade,[11] protege as diversidades legítimas e, ao mesmo tempo, vela para que as particularidades, não só não prejudiquem a unidade, mas para ela contribuam mesmo positivamente. Daí, enfim, haver entre as diversas partes da Igreja vínculos de comunhão íntima quanto às riquezas espirituais e quanto à distribuição dos operários apostólicos e dos recursos materiais. Pois os membros do Povo de Deus são realmente chamados a porem em comum os seus bens, e a cada uma das Igrejas se aplicam as palavras do apóstolo: "Sede hospitaleiros uns com os outros, como bons dispenseiros da multiforme graça de Deus" (1Pd 4,10).

Todos os homens, portanto, são chamados a esta unidade católica do Povo de Deus, que prefigura e promove a paz universal, à qual, embora de maneira diferente, pertencem ou para a qual se orientam tanto os católicos como todos os cristãos, e mesmo todos os homens em geral, chamados pela graça de Deus à salvação.

Os fiéis católicos

14. Em primeiro lugar, é aos fiéis católicos que o santo Concílio dirige o pensamento. Apoiado na Sagrada Escritura e na Tradição, ensina que esta Igreja, peregrina

---

[11]   Santo Inácio Mart. Ad Rom., praef.: Ed. Funk, I. p. 252.

LG 14: A Igreja católica, peregrina sobre a terra, é necessária para a salvação de todos os homens e mulheres. Todas as pessoas são a ela destinadas e nela entram pela fé e pelo Batismo. Quem, conhecendo a Igreja, recusa-se a nela entrar não pode salvar-se.

na terra, é necessária para a salvação. Só Cristo é mediador e caminho de salvação: ora, ele torna-se-nos presente no seu corpo, que é a Igreja; e, ao inculcar expressamente a necessidade da fé e do Batismo (cf. Mc 16,16; Jo 3,5), ao mesmo tempo corroborou a necessidade da Igreja, na qual os homens entram pela porta do Batismo. Por conseguinte, não poderão salvar-se aqueles que, sabendo que Deus a fundou por Jesus Cristo como necessária à salvação, se recusam a entrar ou a perseverar na Igreja católica.

São incorporados plenamente na sociedade da Igreja todos os que, tendo o Espírito de Cristo, aceitam integralmente a sua organização e todos os meios de salvação nela instituídos, e no seu organismo visível estão unidos com Cristo, que a dirige mediante o Sumo Pontífice e os bispos, pelo vínculo da profissão de fé, dos sacramentos, do governo eclesiástico e da comunhão. Não se salvam, porém, os que, embora incorporados na Igreja, não perseveram na caridade, e por isso pertencem ao seio da Igreja não pelo "coração" mas tão somente pelo "corpo".[12] Lembrem-se todos os filhos da Igreja de que a grandeza da sua

---

[12] Cf. Santo Agostinho, Bapt. c. Donat., V, 28, 39: PL 43, 197: "Certe manifestum est, id quod dicitur, in Ecclesia intus et foris, in corde, non in corpore cogitandum". Cf. ib., III, 19, 26 col. 152: V, 18, 24: col. 189; in lo., Trat. 61, 2: PL 35, 1800, e muitas vezes noutros lugares.

São plenamente incorporados à sociedade que é a Igreja aqueles que, tendo o Espírito de Cristo, aceitam toda a sua organização e os meios de salvação nela instituídos, e que, pelos laços da profissão da fé, dos sacramentos, do governo eclesiástico e da comunhão, se unem, na sua estrutura visível, com Cristo, que a governa por meio do Sumo Pontífice e dos bispos. Do mesmo modo estão incorporados à Igreja os catecúmenos que pedem explicitamente o Batismo.

condição não se deve atribuir aos próprios méritos, mas a uma graça especial de Cristo; se não correspondem a essa graça por pensamentos, palavras e obras, em vez de se salvarem, incorrem num juízo mais severo.[13] Os catecúmenos que, sob a ação do Espírito Santo, desejam e querem expressamente ser incorporados na Igreja, já em virtude deste desejo lhe estão unidos. E a Igreja, como mãe, já lhes dedica o seu amor e os seus cuidados.

A Igreja e os cristãos não católicos

15. Por múltiplas razões a Igreja reconhece-se unida aos batizados que se honram do nome de cristãos, mas não professam integralmente a fé, ou não mantêm a unidade de comunhão sob o sucessor de Pedro.[14] Há muitos que veneram a Sagrada Escritura como norma de fé e de vida, manifestam sincero zelo religioso, creem de todo o coração em Deus-Pai Onipotente e em Cristo Fi-

---

[13] Cf. Lc 12,48: "Omnis autem, cui multum datum est, multum quæretur ab eo." Cf. também Mt 5,19-20; 7,21-22; 25,41-46; Tg 2,14.

[14] Leão XIII, Epist. Apost. Præclara Gratulationis, 20 junho 1894: ASS 26 (1893-94) p. 707.

LG 15: O Concílio marca a união com a Igreja dos fiéis não católicos. A Sagrada Escritura, a fé trinitária, o sacramento do Batismo, as orações e mesmo a veneração da Virgem Maria... Embora não plenamente incorporados à Igreja, estes fiéis a ela pertencem. O Espírito suscita neles a vontade e a prática efetiva em vista de que aceitem a plena comunhão e haja um só rebanho e um só pastor. Para alcançar este fim, a nossa mãe-Igreja ora, espera, age e exorta os seus filhos e filhas para que se purifiquem e renovem. Desse modo o sinal de Cristo brilhará mais claramente no seu rosto.

lho de Deus e Salvador,[15] são marcados pelo Batismo que os une a Cristo, e admitem mesmo outros sacramentos e recebem-nos nas suas próprias Igrejas ou nas suas comunidades eclesiais. Vários dentre eles possuem também o episcopado, celebram a sagrada Eucaristia, e cultivam a devoção pela Virgem Mãe de Deus.[16] A isto se junta ainda a comunhão de orações e de outros benefícios espirituais; e mesmo certa união verdadeira no Espírito Santo que, também neles, opera com o seu poder santificante por meio de dons e graças, e a alguns fortaleceu até a efusão do sangue. Assim, o Espírito suscita em todos os discípulos de Cristo o desejo e a ação, para que todos, do modo estabelecido por Cristo, se unam pacificamente, num só rebanho, sob um único Pastor.[17] Para o conseguir, a mãe Igreja, não deixa de rezar, de esperar e de atuar, exortando os seus filhos a purificarem-se e a renovarem-se, para que sobre o rosto da Igreja resplandeça mais brilhante o sinal de Cristo.

Os não cristãos

16. Por último, também aqueles que ainda não receberam o Evangelho estão destinados, de modos diversos,

---

[15] Cf. Leão XIII, Epist. Enc. Satis Cognitum, 29 junho 1896: ASS 28 (1895-96) p. 738. Epist. Enc. Caritatis Studium, 25 julho 1898: ASS 31 (1898-99) p. 11. Pio XII, Radiomensagem Nell'alba, 24 dez. 1941: AAS 34 (1942) p. 21.

[16] Cf. Pio XI, Carta Enc. Rerum Orientalium, 8 set. 1928: AAS 20 (1928) p. 287. Pio XII, Carta Enc. Orientalis Ecclesiae, 9 abril 1944: AAS 36 (1944) p. 137.

[17] Cf. Instr. S. Ofício, 20 dez. 1949: MS 42 (1950) p. 142.

LG 16: Embora não tendo recebido o Evangelho, estão de um modo ou de outro orientados à Igreja os judeus. Eles têm a aliança e as promessas e em seu meio nasceu Jesus Cristo segundo

a formarem parte do Povo de Deus.[18] Em primeiro lugar, aquele povo que foi objeto das alianças e promessas, e do qual Cristo nasceu segundo a carne (Rm 9,4-5); povo, em virtude da sua eleição, tão amado por causa dos patriarcas: pois os dons e os chamamentos de Deus são irrevogáveis (cf. Rm 11,28-29). Mas o desígnio de salvação abrange também aqueles que reconhecem o Criador, e entre estes, em primeiro lugar, os muçulmanos, que, professando manter a fé de Abraão, adoram conosco um Deus único e misericordioso, que há de julgar os homens no último dia. Esse mesmo Deus não está longe dos outros, que buscam ainda nas sombras e em imagens o Deus desconhecido, pois é ele quem dá a todos a vida e a ressurreição e tudo o mais (cf. At 17,25-28), e, como Salvador, quer que todos os homens sejam salvos (cf. 1Tm 2,4). Aqueles que ignoram sem culpa o Evangelho de Cristo e a sua Igreja, mas buscam a Deus na sinceridade do coração, e se esforçam, sob a ação da graça, por cumprir na vida a sua vontade, conhecida através dos ditames da consciência, também esses podem alcançar a salvação eterna.[19] Nem a divina providência nega os meios necessários para a salvação àqueles que, sem culpa, ainda não chegaram ao conhecimento explícito de Deus, mas procuram com a graça divi-

---

[18] Cf. Santo Tomás, Suma Theol. III, q. 8, a. 3, ad 1.
[19] Cf. Epist. do S. Ofício ao Arceb. de Boston: Denz. 3869-72.

---

a carne. Estão ainda destinados aqueles povos que reconhecem a Deus como criador, entre os quais sobressaem-se os muçulmanos. O mesmo Senhor não está longe daqueles que buscam, na sombra e em imagens, o Deus que ainda desconhecem. Deus assim age, pois é Ele quem a todos dá vida, respiração e tudo o mais e, como Salvador, quer que todos se salvem.

na viver retamente. De fato, tudo o que neles há de bom e de verdadeiro, considera-o a Igreja como preparação ao Evangelho[20] e como dom daquele que ilumina todo o homem para que afinal tenha a vida. Contudo, os homens, muitas vezes enganados pelo demônio, entregaram-se a pensamentos vãos e trocaram a verdade de Deus pela mentira, servindo mais às criaturas antes que ao Criador (cf. Rm 1,21.25), ou então vivendo e morrendo sem Deus neste mundo, expõem-se ao desespero final. Por isso, para promover a glória de Deus e a salvação de todos, a Igreja, lembrada do mandamento do Senhor: "Pregai o Evangelho a toda criatura" (Mc 16,15), põe todo o seu cuidado em desenvolver as missões.

Caráter missionário da Igreja

17. Assim como fora enviado pelo Pai, assim também o Filho enviou os apóstolos (cf. Jo 20,21), dizendo: "Ide, portanto, e fazei que todas as nações se tornem discípulos, batizando-as em nome do Pai e do Filho e do Espírito Santo, e ensinando-as a observar tudo quanto vos ordenei. E eis que eu estou convosco todos os dias até a consumação

---

[20] Cf. Eusébio de Ces., Praeparatio Evangelica, 1,1: PG 21, 27 AB.

LG 17: Cristo enviou os apóstolos para serem os mensageiros da Boa-Nova a toda a humanidade. Deles, a Igreja recebeu esse mandato solene: anunciar a verdade da salvação e a levar até os confins da terra. Também a Igreja continua a enviar constantemente os seus arautos, até que as novas Igrejas se formem plenamente e prossigam, por sua vez, a obra da evangelização. Pregando o Evangelho, a Igreja batiza os que creem e os incorpora a Cristo. Assim ela cresce, fazendo com que tudo o que for de

dos séculos" (Mt 28,18-20). Este mandamento solene de Cristo, de anunciar a verdade da salvação, a Igreja recebeu-o dos apóstolos para lhe dar cumprimento até os confins da terra (cf. At 1,8). Por isso faz suas as palavras do Apóstolo: "Ai de mim se não evangelizar!" (1Cor 9,16), e continua, sem descanso, a enviar arautos do Evangelho, até que as jovens Igrejas fiquem perfeitamente estabelecidas, e continuem por si mesmas a obra de evangelização. O Espírito Santo impele-a a cooperar na realização do propósito de Deus, que estabeleceu Cristo como princípio de salvação para o mundo inteiro. Pregando o Evangelho, a Igreja dispõe os ouvintes para crerem e professarem a fé, prepara-os para o Batismo, liberta-os da escravidão do erro e incorpora-os a Cristo, para que, pela caridade, cresçam até a plenitude. E consegue que tudo o que há de bom no coração e na mente dos homens, ou nos ritos e nas culturas próprias de cada povo, não só não pereça, mas também se purifique, se eleve e aperfeiçoe, para glória de Deus, confusão do demônio e felicidade do homem. Cada discípulo de Cristo participa na responsabilidade de propagar a fé;[21] mas se o Batismo pode ser administrado aos

---

[21] Cf. Bento XV, Epist. Apost. Maximum Illud: AAS 11 (1919) p. 440, principalmente p. 451ss. — Pio XI, Carta Enc. Rerum Ecclesiae: AAS 18 (1926) pp.

---

bom seja sanado, elevado e aperfeiçoado para a glória de Deus e felicidade do ser humano. Se todos podem batizar, aos sacerdotes pertence o aperfeiçoamento mediante a confecção da Eucaristia, edificando plenamente o corpo de Cristo numa comunidade local. Destarte a Igreja como um todo reze e trabalhe, a fim de que a humanidade inteira se transforme em Povo de Deus, Corpo do Senhor e Templo do Espírito Santo. Desse modo, em Cristo, cabeça de todos, se deem ao Pai e Criador de tudo a honra e a glória.

crentes por qualquer pessoa, é ao sacerdote que compete acabar a edificação do corpo com o sacrifício eucarístico, cumprindo as palavras de Deus pelo Profeta: "Do levantar ao pôr do sol meu nome será grande entre as nações, e em todo lugar será oferecido ao meu nome um sacrifício de incenso e uma oferenda pura" (Ml 1,11).[22] Assim a Igreja reza e trabalha ao mesmo tempo para que o mundo inteiro se transforme em Povo de Deus, corpo do Senhor e templo do Espírito Santo, e para que em Cristo, cabeça de todos, seja dada ao Pai e Criador do universo toda a honra e toda a glória.

68-69. — Pio XII, Carta Enc. Fidei Donum, 21 abril 1957: AAS 49 (1957) pp. 236-237.

[22] Cf. Didaqué, 14: Ed. Funk, 1 p. 32. — São Justino, Dial. 41: PG 6 564. — Santo Ireneu, Adv. Haer., IV, 17, 5: PG 7, 1023: Harvey 2, p. 199s. — Conc. de Trento, Sess. 22, cap. 1; Denz. 939 (1742).

Capítulo III
Constituição hierárquica da Igreja e em especial o episcopado

Proêmio

18. Cristo nosso Senhor, com o fim de apascentar o Povo de Deus e aumentá-lo sempre mais, instituiu na sua Igreja vários ministérios que se destinam ao bem de todo o corpo. Na verdade, os ministros, que são revestidos do

---

Capítulo III: A constituição hierárquica da Igreja e em especial o episcopado são o tema do terceiro capítulo. Ele abre-se com um proêmio sobre o primado de Pedro, centro e princípio da hierarquia. A seguir, trata do colégio dos doze e dos bispos, seus sucessores, que são o grande sacramento de Cristo. Relacionam--se mutuamente entre si e com sua cabeça, o Papa. Sendo sacramentos de Cristo, os bispos têm o tríplice múnus de ensinar, santificar e reger a grei que lhes foi confiada. Dessa hierarquia, em graus diversos e com funções precisas, participam os presbíteros e os diáconos.

LG 18: O centro dinâmico e de coesão deste capítulo é a afirmação do primado de Pedro no colégio apostólico, cuja finalidade é a salvação de todos os homens e mulheres. Retomando o ensinamento do Vaticano I, o Vaticano II declarou que Jesus Cristo, pastor eterno, edificou a Igreja enviando os apóstolos como

poder sagrado, estão ao serviço de seus irmãos, para que todos os que pertencem ao Povo de Deus e gozam, portanto, da verdadeira dignidade cristã, todos juntos tendam livre e ordenadamente para o mesmo fim e cheguem à salvação.

Este sagrado Concílio, seguindo a linha do Concílio Vaticano I, ensina e declara com ele que Jesus Cristo, Pastor eterno, instituiu a santa Igreja, enviando os apóstolos como ele próprio fora enviado pelo Pai (cf. Jo 20,21), e quis que os sucessores destes, os bispos, fossem os pastores na sua Igreja até o fim do mundo. E para que o episcopado continuasse único e unido, estabeleceu Pedro na chefia dos apóstolos, e assentou nele o princípio e o fundamento, perpétuo e visível, da unidade da fé e da comunhão.[1] Este santo Concílio propõe de novo, firmemente, à fé de todos os fiéis, a doutrina da instituição, perpetuidade, poder e natureza do sacro primado do Romano Pontífice e do seu infalível magistério e, prosseguindo no mesmo desígnio,

---

[1]   Cf. Conc. Vat. I, Sess. IV, Const. Dogm. Pastor Aeternus: Denz. 1821 (3050s).

Ele próprio fora enviado pelo Pai. Quis que os seus sucessores, os bispos, fossem os pastores na Sua Igreja. À frente dos bispos, o mesmo Jesus Cristo colocou o bem-aventurado Pedro, constituindo-o princípio e fundamento perpétuo e visível da unidade de fé e comunhão. Por isso, o Concílio propõe de novo, para ser firmemente acreditada por todos os fiéis, a doutrina sobre a instituição perpétua, o alcance e a natureza do sagrado primado do Pontífice romano e do seu magistério infalível. Prosseguindo a matéria começada, pretende declarar e manifestar a todos a doutrina sobre os bispos, sucessores dos apóstolos, que, com o sucessor de Pedro, vigário de Cristo e cabeça visível de toda a Igreja, governam a casa de Deus vivo.

quer afirmar e declarar publicamente a doutrina acerca dos bispos, sucessores dos apóstolos, que com o sucessor de Pedro, vigário de Cristo[2] e cabeça visível de toda a Igreja, governam a casa do Deus vivo.

Vocação e instituição dos doze

19. O Senhor Jesus, depois de ter orado ao Pai, chamou a si os que ele quis e escolheu os doze para estarem com ele e para os enviar a pregar o Reino de Deus (cf. Mc 3,13-19; Mt 10,1-42); a estes os constituiu apóstolos (cf. Lc 6,13) sob a forma de colégio, isto é, de grupo estável, cuja presidência entregou a Pedro, escolhido dentre eles (cf. Jo 21,15-17). Enviou-os primeiramente aos filhos de Israel, e depois a todas as gentes (cf. Rm 1,16) para que, com o poder que lhes entregava, fizessem de todos os povos discípulos seus, os santificassem e governassem (cf. Mt 28,16-20; Mc 16,15; Lc 24,45-48; Jo 20,21-23) e, assim guiados pelo Senhor, dilatassem a Igreja e a apascentassem com o seu ministério, todos os dias até a consumação

---

[2] Cf. Conc. Flor., Decreto pro græcis: Denz. 694 (1307) e Conc. Vat. I, ib.: Denz. 1826 (3059).

LG 19: Foi o mesmo Jesus Cristo quem escolheu e constituiu os doze como apóstolos, reunindo-os em colégio ou grupo estável, tendo Pedro como seu chefe. Eles foram enviados, em primeiro lugar, aos filhos de Israel e depois a todos os povos para fazer de todos seus discípulos pela pregação, santificação e governo. Destarte, a Igreja se propagará constantemente e sua ação chegará aos confins da terra e alcançará o final dos tempos. No dia de Pentecostes foram confirmados em sua missão. A partir de então, por sua ação e a de seus sucessores, foi reunida a Igreja universal, tendo Cristo por pedra angular e cabeça de todo o corpo.

dos séculos (cf. Mt 28,20). Foram confirmados plenamente nesta missão no dia de Pentecostes (cf. At 2,1-36), segundo a promessa do Senhor: "Recebereis uma força, a do Espírito Santo que descerá sobre vós, e sereis minhas testemunhas em Jerusalém e em toda a Judeia e a Samaria e até os confins da terra" (At 1,8). Na verdade, pregando em toda parte o Evangelho (cf. Mc 16,20), que os ouvintes aceitavam por obra do Espírito Santo, os apóstolos congregaram a Igreja universal que o Senhor fundou neles e edificou sobre o bem-aventurado Pedro, como chefe, permanecendo Cristo Jesus como pedra angular (cf. Ap 21,14; Mt 16,18; Ef 2,20).[3]

Os bispos, sucessores dos apóstolos

20. Esta missão divina, confiada por Cristo aos apóstolos, deverá durar até o fim dos séculos (cf. Mt 28,20), pois o Evangelho, que eles devem transmitir, é para a Igreja o princípio de toda a sua vida em todos os tempos. Por

---

[3] Cf. Liber Sacramentorum de São Gregório, prefácio Cadeira de São Pedro e dia de São Matias e São Tomé: PL 78, 50, 51 e 152. — Santo Hilário, In Ps. 67 10, PL 9,450: CSEL, 22 p. 286. — São Jerônimo, Adv. Iovin. 1, 26: PL 23, 247 A. — Santo Agostinho, In Ps. 86, 4: PL 37, 1103. — São Gregório M., Mor. in Job XXVIII, V: PL 76, 455-456. — Primásio, Comm. in Apoc. V: PL 68, 924 C. — Pascásio Radb., In Mat. L. VIII, cap. 16: PL 120, 561 C. — Cf. Leão XIII, Epist. Et Sane, 17 dez. 1888: ASS 21 (1888) p. 321.

LG 20: A missão recebida de Cristo deve chegar até o fim dos tempos. Os apóstolos, então, estabeleceram sucessores, confiando-lhes, em testamento, o encargo de completar e confirmar a obra que eles iniciaram. Eles receberam a recomendação de velar por todo o rebanho estabelecido pelo Espírito Santo. Entre os vários ministérios que se exercem desde sempre na Igreja, consta da tradição que o principal é o daqueles que, constituídos

isso os apóstolos, nesta sociedade hierarquicamente organizada, cuidaram de constituir os seus sucessores.

De fato, não só se rodearam de vários colaboradores no ministério,[4] mas, para que a missão a eles confiada tivesse continuidade após a sua morte, os apóstolos, como que por testamento, incumbiram os seus cooperadores imediatos de terminar e consolidar a obra por eles começada,[5] recomendando-lhes que atendessem a toda a grei, na qual o Espírito Santo os havia estabelecido para apascentarem a Igreja de Deus (cf. At 20,28). Constituíram assim os seus sucessores e dispuseram que, na morte destes, fosse confiado o seu ministério a outros homens experimentados.[6] Entre os vários ministérios que, desde os primeiros tempos, se exercem na Igreja, ocupa o primeiro lugar, como testemunha a tradição, o múnus daqueles

---

[4] Cf. At 6,2-6; 11,30; 13,1; 14,23; 20,17; 1Ts 5,12-13; Fl 1,1; Cl 4,11 e passim.

[5] Cf. At 20,25-27; 2Tm 4,6ss; 1Tm 5,22; 2Tm 2,2; Tt 1,5; São Clem. Rom., Ad Cor 44,2: Ed. Funk I, p. 156.

[6] São Clemente Rom., Ad. Cor 44,2: Ed. Funk I, p. 154ss.

---

no episcopado em sucessão ininterrupta, são transmissores do múnus apostólico. Destarte, a tradição apostólica é manifestada em todo o mundo e guardada pelos bispos e seus sucessores. Os bispos receberam, com os seus colaboradores, os presbíteros e diáconos, o encargo da comunidade, presidindo na pessoa de Cristo ao rebanho de que são pastores como mestres da doutrina, sacerdotes do culto sagrado, ministros do governo. Na Igreja permanecem o múnus confiado pelo Senhor singularmente a Pedro e o múnus dos apóstolos de apascentar a Igreja. Este deve ser exercido perpetuamente pela sagrada ordem dos bispos. O sagrado Concílio ensina que, por instituição divina, os bispos sucedem aos apóstolos como pastores da Igreja.

que, constituídos no episcopado,[7] conservam a semente apostólica por uma sucessão que vem ininterrupta desde o começo.[8] E assim, como atesta Santo Ireneu, a tradição apostólica manifesta-se[9] e mantém-se[10] no mundo inteiro através daqueles que os apóstolos constituíram bispos e seus sucessores até o presente.

Os bispos receberam o encargo de servir a comunidade, com os seus colaboradores, presbíteros e diáconos,[11] e presidem em nome de Deus à grei,[12] de que são pastores, como mestres da doutrina, sacerdotes do culto sagrado e ministros do governo da Igreja.[13] E assim como permanece o múnus que o Senhor concedeu individualmente a Pedro, o primeiro dos apóstolos, para ser transmitido aos seus sucessores, do mesmo modo o ofício dos apóstolos, de apascentar a Igreja, continua e é exercido permanentemente pela ordem sagrada dos bispos.[14] Por isso, ensina este sagrado Concílio que, por instituição divina, os bispos sucederam aos apóstolos[15] como pastores da Igreja: quem

---

[7]   Cf. Tertuliano, Praescr. Haer. 32: PL 2, 53.

[8]   Cf. Tertuliano, Praescr. Haer. 32: PL 2, 52ss. Santo Inácio M., passim.

[9]   Cf. Santo Ireneu, Adv. Haer. III, 3, 1: PG 7, 848 A; Harvey 2, 8; Sagnard, p. 100ss: "manifestatam".

[10]   Cf. Santo Ireneu, Adv. Haer. III, 2, 2: PG 7, 847; Harvey 2, 7: Sagnard, p. 100: "custoditur", cf. ib. IV, 26, 2; col. 1053; Harvey 2, 236 e também IV, 33, 8; col. 1077; Harvey 2, 262.

[11]   Santo Inácio M., Philad., pref.: Ed. Funk, 1, p. 264.

[12]   Santo Inácio M., Philad., 1, 1: Magn. 6, 1; Ed. Funk, 1, pp. 264 e 234.

[13]   São Clem. Rom., l., cit., 42, 3-4; 44, 3-4; 57, 1-2; Ed. Funk, 1, 152, 156, 172. Santo Inácio M., Philad. 2: Smyrn. 8: Magn 3; Trall. 7; Ed. Funk, I, p. 266; 282: 232: 246ss etc.: São Justino, Ap. 1,65. PG 6, 428: São Cipriano Epist., passim.

[14]   Cf. Leão XIII, Epist. Enc. Satis Cognitum, 29 jun. 1896: ASS 28 (1895-96) p. 732.

[15]   Cf. Conc. Trid., Sess. 23, Decr. de sacr. Ordinis, cap. 4: Denz. 960 (1768): Conc. Vat. I, Sess. 4, Const. Dogm. De Ecclesia Christi, cap. 3: Denz. 1828 (3061). Pio XII, Carta Enc. Mystici Corporis, 29 jun. 1943: AAS 35 (1943) pp. 209 e 212. Cod. Iur. Can., c. 329 § 1.

os ouve, ouve a Cristo; quem os despreza, despreza a Cristo e àquele que o enviou (cf. Lc 10,16).[16]

Sacramentalidade do episcopado

21. Na pessoa dos bispos, coadjuvados pelos presbíteros, é o próprio Senhor Jesus Cristo, pontífice supremo, que está presente no meio dos fiéis. Embora sentado à direita de Deus Pai, não se ausenta da comunidade dos seus pontífices;[17] mas é principalmente através do ministério excelso dos bispos que Jesus Cristo prega a Palavra de Deus a todos os povos e administra continuamente os sacramentos da fé aos crentes; e, graças ao ofício paternal deles (cf. 1Cor 4,15), vai incorporando por geração

---

[16] Cf. Leão XIII, Epist. Et Sane, 17 dez. 1888: AAS 21 (1888) p. 321s.

[17] São Leão M., Serm. 5, 3: PL 54, 154.

LG 21: Na ação pastoral dos bispos, assistidos pelos presbíteros, está presente e agindo o Senhor Jesus. Estes pastores são ministros de Cristo e dispensadores dos mistérios de Deus, tendo-lhes sido confiado o testemunho do Evangelho da graça de Deus e a administração do Espírito e da justiça em glória. O dom especial recebido pelos apóstolos foi transmitido aos seus sucessores pela imposição das mãos através da consagração episcopal. Esta consagração é a plenitude do sacramento da Ordem, cujos poderes só podem ser exercidos em comunhão hierárquica com a cabeça e os membros do colégio episcopal. A graça do Espírito Santo é conferida pela imposição das mãos e pelas palavras da consagração. O caráter sagrado é impresso de tal modo que os bispos representam de forma eminente e conspícua o próprio Cristo, mestre, pastor e pontífice, atuando em vez d'Ele. Pertence aos bispos assumir novos eleitos no corpo episcopal por meio do sacramento da Ordem.

sobrenatural novos membros ao seu corpo; finalmente, pela sabedoria e prudência dos bispos, dirige e orienta o povo do Novo Testamento na sua peregrinação para a eterna bem-aventurança. Estes pastores, escolhidos para apascentarem a grei do Senhor, são os ministros de Cristo e os administradores dos mistérios de Deus (cf. 1Cor 4,1), e a eles está confiado o testemunho do Evangelho da graça de Deus (cf. Rm 15,16; At 20,24) e o serviço glorioso do Espírito e da justiça (cf. 2Cor 3,8-9).

Cristo enriqueceu os apóstolos com a efusão especial do Espírito Santo (cf. At 1,8; 2,4; Jo 20,22-23), em ordem a poderem desempenhar ofícios tão excelsos; os apóstolos, por sua vez, transmitiram aos seus colaboradores, pela imposição das mãos, este dom do Espírito (cf. 1Tm 4,14; 2Tm 1,6-7), que chegou até nós pela consagração episcopal.[18] Ensina, pois, este sagrado Concílio que, pela consagração episcopal, é conferida a plenitude do sacramento da Ordem, chamada por isso, na liturgia da Igreja e na linguagem dos santos Padres, sumo sacerdócio, cume do ministério sagrado.[19] Juntamente com o múnus de santificar, a consagração episcopal confere ainda os ofícios de ensinar e de governar, que, por sua natureza, não podem exercer-se senão em comunhão hierárquica com a cabeça e com os membros do colégio. Na verdade, da tradição, qual aparece sobretudo nos ritos litúrgicos e no uso da

---

[18] Conc. Trid., Sess. 23 cap. 3, cita as palavras de 2Tm 1,6-7 para demonstrar que a Ordem é verdadeiro sacramento: Denz. 959 (1766).

[19] Na Trad. Apost. 3, ed. Botte, Sources Chr., pp. 27-30, atribui-se ao bispo "primatus sacerdotii". Cf. Sacramentarium Leonianum, ed. C. Mohlberg; Sacramentarium Veronense, Roma, 1955, p. 119: "ad summi sacerdotii ministerium... Comple in sacerdotibus tuis mysterii summam"... Idem, Liber Sacramentorum Romanae Ecclesiae, Roma, 1960, pp. 121-122: "Tribuas eis, Domine, cathedram episcopalem ad regendam Ecclesiam tuam et plebem universam". Cf. PL 78, 224.

Igreja, quer oriental, quer ocidental, consta claramente que, pela imposição das mãos e pelas palavras consacratórias, se confere a graça do Espírito Santo[20] e se imprime o caráter sagrado,[21] de tal modo que os bispos, de maneira eminente e visível, fazem as vezes do próprio Cristo, Mestre, Pastor e Pontífice, e agem em seu nome.[22] Compete aos bispos admitir, no corpo episcopal, novos eleitos, pelo sacramento da Ordem.

O colégio dos bispos e a sua cabeça

22. Tal como, por disposição do Senhor, São Pedro e os demais apóstolos formam um só colégio apostólico, de maneira semelhante o Romano Pontífice, sucessor de Pedro, e os bispos, sucessores dos apóstolos, estão unidos entre si. Já a mais antiga disciplina, segundo a qual

---

[20] Trad. Apost., 2 Ed. Botte, p. 27.

[21] Conc. Trid., Sess. 23, cap. 4, ensina que o sacramento da Ordem imprime caráter indelével: Denz. 960 (1769). Cf. João XXIII, Aloc. Iubilate Deo, 8 de maio 1960: AAS 52 (1960) p. 466. Paulo VI, Hom. na Bas. Vaticana, 20 out. 1963: AAS 55 (1963) p. 1014.

[22] São Cipriano, Epist. 63, 14: PL 4, 386; Hartel, III B, p. 713: "Sacerdos vice Christi vere fungitur". — São João Crisóstomo, In 2Tm Hom. 2, 4: PG 62, 612: o sacerdote "symbolon" de Cristo. — Santo Ambrósio, In Ps. 38, 25-26: PL t4, 1051-52: CSEL 64, 203-204. — Ambrosiaster, In 1Tm 5,19: PL 17, 479 C e In Eph. 4, 11-12: col. 387 C. — Teodoro de Mops., Hom. Catech. XV, 21 e 24: ed. Tonneau, pp. 497 e 503.— Hesíquio de Jerusalém, In Lev. L. 2, 9, 23: PG 93, 894 B.

LG 22: A unidade colegial do Papa com os bispos existe desde a escolha dos apóstolos, tendo Pedro como seu chefe. Esta ação colegial é atestada por toda a tradição da Igreja, bem como o seu costume de agir mediante os concílios ecumênicos. Estes tomavam deliberações fundamentais para a vida da Igreja. A mesma ação colegial é atestada pela praxe de indicação de um novo

os bispos do mundo inteiro tinham comunhão entre si e com o bispo de Roma pelos vínculos da unidade, da caridade e da paz,[23] e também os concílios reunidos[24] para

---

[23] Cf. Eusébio, Hist. Eccl., V, 24, 10: GCS II, 1, p. 495; ed. Bardy, Sources Chret., II, p. 69. Dionísio, em Eusébio, VII, 5, 2: GCS II, 2, p. 638ss. Bardy, II, p. 168s.

[24] Cf. sobre os antigos concílios, Eusébio, Hist. Eccl. V, 23-24; GCS II, 1. p. 488ss. Bardy, II, p. 66ss e passim. Conc. Niceno can. 5: Conc. Oec. Decr. p. 7.

---

bispo. A constituição de um novo membro do corpo episcopal dá-se em virtude da sagração episcopal e pela comunhão hierárquica com a cabeça e os membros do colégio. O Papa, sucessor de Pedro, é a cabeça do colégio episcopal e tem o poder sobre todos, quer pastores quer fiéis. Ele, em virtude do seu cargo de vigário de Cristo e pastor de toda a Igreja, tem nela pleno, supremo e universal poder, que pode sempre exercer livremente. A ordem dos bispos, juntamente com o Romano Pontífice, sua cabeça, e nunca sem ela, é também sujeito do supremo e pleno poder sobre toda a Igreja, poder este que não se pode exercer senão com o consentimento do Romano Pontífice. Só Pedro foi constituído como pedra e clavário da Igreja; contudo, o encargo de ligar e desligar conferido a ele foi também atribuído ao colégio dos apóstolos unido à sua cabeça. Este colégio, enquanto composto por muitos, exprime a variedade e universalidade do Povo de Deus e, enquanto reunido sob uma só cabeça, revela a unidade do redil de Cristo. O supremo poder sobre a Igreja universal, que este colégio tem, exerce-se solenemente no Concílio Ecumênico. Este só acontece com a confirmação explícita ou a aceitação do sucessor de Pedro. É prerrogativa do Romano Pontífice convocar os concílios, presidi-los e confirmá-los. O mesmo poder colegial pode ser exercido, juntamente com o Papa, pelos bispos espalhados pelo mundo, contanto que a cabeça do colégio os chame a uma ação colegial ou, pelo menos, aprove ou aceite livremente a ação conjunta dos bispos dispersos, de forma que haja verdadeiro ato colegial.

decidirem em comum as coisas mais importantes[25] depois de ponderadas as opiniões de muitos,[26] manifestam a índole e a natureza colegial da Ordem episcopal, claramente comprovada ainda pelos concílios ecumênicos celebrados no decorrer dos séculos, e já sugeridas pelo uso antigo de chamar vários bispos a participarem na elevação de novo eleito ao ministério do sumo sacerdócio. É em virtude da consagração sacramental, e mediante a comunhão hierárquica com a cabeça e os membros do colégio, que fica alguém constituído membro do corpo episcopal.

Mas o colégio ou corpo episcopal não tem autoridade, se nele não se considera incluído, como cabeça, o Romano Pontífice, sucessor de Pedro, permanecendo sempre íntegro o seu poder primacial sobre todos, tanto pastores como fiéis. Pois o Romano Pontífice, em virtude de seu cargo de vigário de Cristo e de Pastor de toda a Igreja, tem poder pleno, supremo e universal sobre a Igreja, e pode sempre exercê-lo livremente. Por outro lado, a ordem dos bispos, que sucede ao colégio apostólico no magistério e no regime pastoral, e na qual perdura continuamente o corpo apostólico em união com a sua cabeça, o Romano Pontífice, e nunca sem ele, é também detentora do poder supremo e pleno sobre a Igreja universal,[27] mas este poder não pode ser exercido senão com o consentimento do Pontífice Romano. Só a Pedro o Senhor pôs como rocha e portador das chaves da Igreja (cf. Mt 16,18-19) e constituiu pastor de toda a sua grei (cf. Jo 21,15ss); mas o ofício que deu a Pedro de ligar e desligar (Mt 16,19), é sabido que o deu também ao colégio dos apóstolos, unido com a sua cabeça

---

[25] Tertuliano, De Ieiunio, 13: PL 2, 972 B; CSEL 20, p. 292, lin. 13-16.

[26] São Cipriano, Epist. 56, 3 Hartel, III B, p. 649; Bayard, p. 154.

[27] Cf. Relação oficial de Zinelli, no Conc. Vat. I: Mansi 52, 1109 C.

(Mt 18,18; 28,16-20).[28] Este colégio, porque se compõe de muitos, expressa a variedade e a universalidade do Povo de Deus; e porque se agrupa sob uma só cabeça, significa a unidade da grei de Cristo. Nele os bispos, respeitando fielmente o primado e o principado da sua cabeça, exercem poder próprio para o bem dos seus fiéis e até de toda a Igreja, enquanto o Espírito Santo vai robustecendo constantemente a sua estrutura orgânica e a sua concórdia. O poder supremo, que este colégio possui sobre toda a Igreja, é exercido de modo solene no Concílio Ecumênico. Não pode haver Concílio Ecumênico que como tal não seja aprovado ou ao menos reconhecido pelo sucessor de Pedro; e é prerrogativa do Romano Pontífice convocar estes concílios, presidi-los e confirmá-los.[29] Este mesmo poder colegial, em união com o Papa, pode ser exercido pelos bispos dispersos pelo mundo, desde que a cabeça do colégio os convoque para uma ação colegial, ou ao menos aprove a ação conjunta dos bispos dispersos ou a aceite livremente, de modo a torná-la um verdadeiro ato colegial.

Relação dos bispos dentro do colégio

23. A união colegial manifesta-se também nas relações mútuas de cada bispo com as Igrejas particulares e

---

[28] Cf. Conc. Vat. I, Esquema da Const. Dogm. II, de Ecclesia Christi, c. 4: Mansi 53, 310. Cf. Relação de Kleutgen sobre o esquema já reformado: Mansi 53, 321 B-322 B e a declaração de Zinelli: Mansi 52, 1110 A. Ver também São Leão M., Serm. 4, 3: PL 54, 151 A.

[29] Cf. Cod. Iur. Can., can. 227.

LG 23: O Papa é o perpétuo fundamento das Igrejas particulares. Os bispos são o seu princípio visível de unidade. Cada Igreja particular é formada à imagem da Igreja universal. É por elas e a Igreja universal. O Romano Pontífice, como sucessor de Pedro, é o princípio e o fundamento perpétuo e visível da unidade, quer dos bispos, quer da multidão dos fiéis.[30] Por sua vez, cada bispo é o princípio e o fundamento visível da unidade na sua Igreja particular,[31] formada à imagem da Igreja universal: nas quais e a partir das quais resulta a Igreja católica una e única.[32] Por isso, cada bispo representa a sua Igreja; e todos, juntamente com o Papa, representam toda a Igreja no vínculo da paz, do amor e da unidade.

Cada bispo, posto à frente de uma Igreja particular, exerce o seu poder pastoral sobre a porção do Povo de

---

[30] Cf. Conc. Vat. I, Const. Dogm. Pastor Aeternus: Denz. 1821 (3050s).

[31] Cf. São Cipriano, Epist. 66, 8: Hartel, III, 2, p. 733: "Episcopus in Ecclesia et Ecclesia in Episcopo".

[32] Cf. São Cipriano, Epist. 55, 24: Hartel, p. 642, lin. 13: "Una Ecclesia per totum mundum in multa membra divisa". Epist. 36, 4: Hartel, p. 57s, lin. 20-21.

---

com elas que existe a Igreja católica, una e única. Cada um dos bispos representa a sua Igreja e, todos em união com o Papa, no vínculo da paz, do amor e da unidade, a Igreja inteira. Individualmente cada bispo age pastoralmente sobre a Igreja a ele confiada. Enquanto membro do colégio episcopal e legítimo sucessor dos apóstolos, o bispo está obrigado, por instituição e preceito de Cristo, à solicitude sobre toda a Igreja. Entre todos pelos quais age pastoralmente, o bispo deve privilegiar os membros pobres, sofredores e que padecem perseguição por amor da justiça. Governando bem a própria Igreja, como porção da Igreja universal, o bispo concorre eficazmente para o bem de todo o corpo místico, que é também o corpo das Igrejas. A variedade de Igrejas locais, convergindo para a unidade, manifesta mais claramente a catolicidade da indivisa Igreja. De modo semelhante, as conferências episcopais podem hoje aportar uma contribuição múltipla e fecunda para que o sentimento colegial conduza a aplicações concretas.

Deus que lhe foi confiada, mas não sobre as outras Igrejas nem sobre a Igreja universal. Cada um porém, enquanto membro do colégio episcopal e sucessor legítimo dos apóstolos, por instituição e preceito de Cristo, deve ter pela Igreja inteira uma solicitude,[33] que, embora não se exerça por atos de jurisdição, contribui muito para o bem da Igreja universal. Na verdade, devem todos os bispos promover e defender a unidade de fé e a disciplina, comuns a toda a Igreja, instruir os fiéis no amor de todo o corpo místico de Cristo, especialmente dos membros pobres, dos que sofrem, e dos que são perseguidos por causa da justiça (cf. Mt 5,10); devem, enfim, promover toda a atividade comum à Igreja inteira, com o objetivo de dilatar a fé e fazer brilhar para todos os homens a luz da verdade total. É aliás evidente que, governando bem cada um a própria Igreja, porção da Igreja universal, contribui eficazmente para o bem de todo o corpo místico, que é também o corpo das Igrejas.[34]

O cuidado de anunciar o Evangelho em todo o mundo pertence ao corpo dos pastores, pois a todos em comum deu Cristo o mandato e impôs um dever comum, como já o Papa Celestino dizia na recomendação aos padres do Concílio de Éfeso.[35] Por isso, todos e cada um dos bispos, à medida que lhes permite o cumprimento da função própria, são obrigados a colaborar entre si e com o sucessor de Pedro, a quem foi confia-

---

[33] Cf. Pio XII, Carta Enc. Fidei Donum, 21 abril 1957: AAS 49 (1957) p. 237.

[34] Cf. Santo Hilário de Poitiers, In Ps. 14, 3: PL 9, 206; CSEL 22, p. 86. — São Gregório M., Moral, IV, 7, 12: PL 75, 643 C. — Ps. Basílio, In Is., 15, 296: PG 30, 637 C.

[35] São Celestino, Epist. 18, 1-2, ao Conc. de Éfeso: PL 50, 505 AB; Schwartz, Acta Conc. Oec. I, 1, 1, p. 22. Cf. Bento XV, Epist. Apos. Maximum Illud: AAS 11 (1919) p. 440. Pio XI, Carta Enc. Rerum Ecclesiae, 28 fev. 1926: AAS 18 (1926) p. 69. Pio XII Carta Enc. Fidei Donum, 1. cit.

da de modo especial a tarefa ingente de propagar a religião cristã.[36] Devem, pois, com todas as suas forças, prover as missões, quer de operários para a messe, quer de socorros espirituais e materiais, ou diretamente por si ou suscitando a cooperação pronta dos fiéis. Finalmente, nesta comunhão universal de caridade, os bispos prestem, de boa vontade, ajuda fraterna às outras Igrejas, especialmente às mais próximas e às mais pobres, seguindo o exemplo venerando da antiguidade.

Dispôs a divina providência que várias Igrejas, fundadas em diversas regiões pelos apóstolos e seus sucessores, se reunissem com o decorrer dos tempos em grupos organicamente estruturados, que, salvaguardando a unidade da fé e a única constituição divina da Igreja universal, gozem de disciplina, de liturgia e de tradição teológica e espiritual próprias. E, algumas dessas, especialmente as antigas Igrejas patriarcais, como mães da fé, geraram filhas, às quais continuaram ligadas até hoje por vínculos mais íntimos de caridade na vida sacramental e na observância mútua de direitos e deveres.[37] Esta variedade das Igrejas locais, assim a tenderem para a unidade, demonstra, com maior evidência, a catolicidade da Igreja indivisa. De modo semelhante, as conferências episcopais podem hoje desenvolver uma ação variada e fecunda, para que o espírito colegial encontre aplicações concretas.

---

[36] Leão XIII, Carta Enc. Grande munus, 30 set. 1880: ASS 13 (1880) p. 154. Cf. Cod. Iur. Can., c. 1327; c. 1350 § 2.

[37] Sobre os direitos das Sés patriarcais, cf. Conc. Nic., can. 6 sobre Alexandria e Antioquia, e can. 7 sobre Jerusalém: Conc. Oec. Decr., p. 8. — Conc. Lat. IV, ano 1215, Constit. V: De Dignitate Patriarcharum: ibid. p. 121 — Conc. Ferr. Flor., ibid. p. 504.

O ministério dos bispos

24. Os bispos, como sucessores dos apóstolos, recebem do Senhor, a quem foi dado todo o poder no céu e na terra, a missão de ensinar todas as gentes e de pregar o Evangelho a toda criatura, para que todos os homens alcancem a salvação pela fé, pelo Batismo, e pela observância dos mandamentos (cf. Mt 28,18-20; Mc 16,15-16; At 26,27ss). Para o desempenho desta missão, Cristo Senhor nosso prometeu o Espírito Santo aos apóstolos, e enviou-o no dia de Pentecostes para que, robustecidos com a sua força, eles fossem suas testemunhas até os confins da terra, perante as gentes, os povos e os reis (cf. At 1,8; 2,1ss; 9,15). Este encargo, que o Senhor confiou aos pastores do seu povo, é um verdadeiro serviço que na Sagrada Escritura se chama com muita propriedade *diakonia*, isto é, ministério (cf. At 1,17.25; 21,19; Rm 11,13; 1Tm 1,12).

A missão canônica dos bispos pode ser conferida segundo os costumes legítimos, não revogados pelo poder supremo e universal da Igreja, ou segundo leis promulgadas ou reconhecidas pela mesma autoridade, ou ainda diretamente pelo próprio sucessor de Pedro; e nenhum bispo

---

LG 24: Entre as missões dos bispos, sucessores dos apóstolos, estão a de ensinar e pregar o Evangelho a toda criatura. Destarte, as pessoas se salvarão pela fé, pelo Batismo e pelo cumprimento dos mandamentos. Para realizar essa missão, o Senhor enviou o Espírito Santo para que a "diaconia", isto é, o serviço ou o ministério total, fosse realizada a todos os povos. A missão canônica de cada bispo está diretamente ligada à comunhão apostólica.

pode ser elevado a tal ofício se o Papa lhe recusa ou nega a comunhão apostólica.[38]

Função docente

25. De entre os deveres principais dos bispos, sobressai a pregação do Evangelho.[39] Os bispos são, efetivamente, os arautos da fé, que levam a Cristo novos discípulos; e os doutores autênticos, isto é, investidos da autoridade de Cristo, que pregam ao povo a eles confiado a fé que deve crer e aplicar à vida, que a ilustram à luz do Espírito Santo, tirando do tesouro da revelação coisas novas e velhas

---

[38] Cf. Cod. Iur. pro Eccl. Orient., can. 216-314: dos Patriarcas; can. 324-339: dos Arcebispos Maiores; can. 362-391; dos outros dignitários; em especial can. 238 § 3; 216; 251; 255: dos bispos que devem ser nomeados pelo Patriarca.

[39] Cf. Conc. Trid., Decr. de reform., Sess. V, c. 2, n. 9, e Sess. XXIV, can. 4; Conc. Oec. Decr., pp. 645 e 739.

LG 25: Os bispos são, por antonomásia, os pregadores da Palavra de Deus à grei a eles confiada. Dotados da autoridade de Cristo, os bispos são os doutores da fé do Povo de Deus. Sob a ação do Espírito Santo, na sua pregação eles tiram do tesouro da revelação coisas novas e antigas. Nesta função, estão sempre em comunhão com o Papa, com o qual se tornam testemunhas da verdade divina e católica. Devem, pois, receber o divino obséquio de todos os fiéis. O mais preeminente deste magistério é o do Romano Pontífice, mesmo quando não fala *ex cathedra*. Dessa prerrogativa gozam também os bispos, quando, unidos entre si e com o Papa, ensinam verdades autênticas de fé e de costumes. O Concílio Ecumênico é a expressão máxima do magistério do Papa e dos bispos. O Concílio os constitui em doutores e juízes da fé e dos costumes de toda a Igreja. Seu ensinamento e definições devem ser acatados por todo o Povo de Deus. O Romano Pontífice,

(cf. Mt 13,52); fazem-na frutificar, e vigiam para manter afastados os erros que ameaçam as suas greis (cf. 2Tm 4,1-4). Quando ensinam em comunhão com o Romano Pontífice, os bispos devem ser considerados por todos, com veneração, como testemunhas da verdade divina e católica; e cada fiel deve aceitar o juízo que o seu bispo dá em nome de Cristo, nas coisas de fé e moral, e aderir a ele com religioso respeito. Este assentimento religioso da vontade e da inteligência deve, de modo particular, prestar-se ao magistério autêntico do Romano Pontífice, ainda que não fale "ex-catedra", de forma que se reconheça com reverência o seu magistério supremo e se adira sinceramente à doutrina que o Papa apresenta, como transparece principalmente quer da natureza dos documentos, quer da frequência em propor a mesma doutrina, quer da própria maneira de falar.

Embora os bispos não gozem da prerrogativa da infalibilidade pessoal, no exercício do seu magistério autêntico em matéria de fé e costumes, quando ainda que dispersos pelo mundo, mas conservando a comunhão entre si e com o sucessor de Pedro, concordam em propor uma sentença

---

em razão do seu ofício de cabeça do colégio episcopal, é infalível sempre que, como supremo pastor dos fiéis cristãos, aos quais deve confirmar na fé, define alguma doutrina em matéria de fé ou costumes. As suas definições dizem-se irreformáveis por si mesmas e não pelo consenso da Igreja, pois foram pronunciadas sob a assistência do Espírito Santo, que lhe foi prometida na pessoa de São Pedro. A infalibilidade prometida à Igreja reside também no colégio episcopal, quando este exerce o supremo magistério em união com o sucessor de Pedro. Deve-se notar que o Papa e os bispos, em seu magistério, não recebem nenhuma nova revelação pública que pertença ao depósito divino da fé.

a seguir como definitiva, enunciam de modo infalível a doutrina de Cristo.[40] Isto é ainda mais manifesto quando, reunidos em Concílio Ecumênico, são para toda a Igreja juízes e doutores da fé e dos costumes, devendo-se aderir-se às suas definições com assentimento de fé.[41]

A infalibilidade, de que o divino Redentor dotou a sua Igreja quando define a doutrina de fé e costumes, abrange o depósito da revelação que deve ser guardado com zelo e exposto com fidelidade. O Romano Pontífice, cabeça do colégio episcopal, goza desta infalibilidade em virtude do seu ofício, quando define uma doutrina de fé ou de costumes, como supremo Pastor e Doutor de todos os cristãos, confirmando na fé os seus irmãos (cf. Lc 22,32).[42] Por isso, as suas definições são irreformáveis em si mesmas, sem necessidade do consentimento da Igreja, uma vez que são pronunciadas sob a assistência do Espírito Santo, prometida ao Papa na pessoa de Pedro: não precisam da aprovação de ninguém, nem admitem qualquer apelo a outro juízo. É que, nestes casos, o Romano Pontífice não dá uma opinião como qualquer pessoa privada, mas propõe ou defende a doutrina da fé católica como mestre supremo da Igreja universal, dotado pessoalmente do carisma da infalibilidade que pertence à Igreja.[43]

A infalibilidade prometida à Igreja pertence também ao corpo episcopal quando, junto com o sucessor de Pedro, exerce o magistério supremo. E a estas definições

---

[40] Cf. Conc. Vat. I, Const. dogm. Dei Filius, 3: Denz. 1712 (3011). Cf. nota junta ao esquema I de Eccl., (tirada de São Rob. Bellarmino): Mansi 51, 579 C; e também o comentário de Kleutgen: Mansi 53, 313 AB. Pio IX, Epist. Tuas libenter: Denz. 1683 (2879).

[41] Cf. Cod. Iur. Can., c. 1322-1323.

[42] Cf. Conc. Vat. I, Const. dogm. Pastor Aeternus: Denz. (1839) (3074).

[43] Cf. a explicação de Gasser no Conc. Vat. I: Mansi, 52, 1213 AC.

nunca pode faltar o assentimento da Igreja, devido à ação do Espírito Santo, que mantém e faz crescer na unidade da fé a grei de Cristo.[44]

Quando o Romano Pontífice, ou o corpo episcopal juntamente com ele, define uma doutrina, fá-lo em harmonia com a revelação, à qual todos devem obedecer e conformar-se. Esta, pela escritura ou pela tradição, é integralmente transmitida através da legítima sucessão dos bispos e, sobretudo, pelo cuidado do Romano Pontífice, e na Igreja é conservada intacta e exposta com fidelidade sob a luz do Espírito de Verdade.[45] O Sumo Pontífice e os bispos, cada qual à medida dos respectivos deveres e conforme a gravidade do assunto, esforçam-se cuidadosamente e usam os meios aptos[46] para a investigação séria e a enunciação conveniente da revelação; não reconhecem, porém, qualquer nova revelação pública como pertencendo ao depósito divino da fé.[47]

Função de santificar

26. O bispo, revestido da plenitude do sacramento da Ordem, é o administrador da graça do sumo sacerdócio,[48] especialmente na Eucaristia que ele mesmo oferece

---

[44] Gasser, ib.: Mansi, 1214 A.

[45] Gasser, ib.: Mansi 1215 CD, 1216-1217 A.

[46] Gasser, ib.: Mansi 1213.

[47] Conc. Vat., I, Const. dogm. Pastor Aeternus, 4: Denz. 1836 (3070).

[48] Oração da sagração episcopal no rito bizantino: Euchologion to mega, Roma, 1873, p. 139.

LG 26: Revestido da plenitude do sacramento da Ordem, o bispo é o administrador da graça do supremo sacerdócio, máxime no sacramento da Eucaristia. A Igreja de Deus encontra-se

ou manda oferecer,[49] e pela qual a Igreja vive e cresce continuamente. Esta Igreja de Cristo está verdadeiramente presente em todas as legítimas assembleias locais de fiéis, que, unidas aos seus pastores, recebem, elas também, no Novo Testamento, o nome de Igrejas.[50] São, em cada território, o povo novo, chamado por Deus no Espírito Santo e em grande plenitude (cf. 1Ts 1,5). Nelas se reúnem os fiéis por meio da pregação do Evangelho de Cristo e se celebra o mistério da ceia do Senhor, "para que, pela carne e o sangue do Senhor, se mantenha estreitamente unida toda a fraternidade do corpo".[51] Em cada comunidade reunida em volta do altar, sob o ministério sagrado do bispo,[52] é oferecido o símbolo daquela caridade e "daquela unidade do corpo místico sem a qual não pode haver salvação".[53] Nestas comunidades, por mais reduzidas, pobres e dispersas que sejam, está presente Cristo, em virtude do qual se congrega a Igreja una, santa, católica e apostólica.[54] Na

---

[49] Cf. Santo Inácio M., Smyrn. 8,1: Ed. Funk, I, p. 282.

[50] Cf. At 8,1; 14,22-23; 20,17 e passim.

[51] Oração moçárabe: PL 96, 759 B.

[52] Cf. Santo Inácio M., Smyrn. 8, 1: Ed. Funk, I, p. 282.

[53] Santo Tomás, Summa Theol. III, q. 73, a. 3.

[54] Cf. Santo Agostinho, C. Faustum, 12, 20: PL 42, 265; Serm. 57, 7: PL 38, 389 etc.

---

presente em cada comunidade local. Nela se congregam os fiéis, reunidos pelo Espírito Santo, para ouvirem a pregação que salva e o sacramento que alimenta. Destarte, é espalhada a multiforme e abundante santidade de Cristo. Ademais, o bispo é o responsável pela correta administração do Batismo e da Confirmação, da qual é o ministro originário. Ele é, ainda, o dispensador das sagradas ordens e regulador da disciplina penitencial. Toda a vida sacramental e santificadora da Igreja passa pela ação pastoral e é administrada sob a responsabilidade do bispo.

verdade, "a participação no corpo e no sangue de Cristo não opera outra coisa senão a nossa transformação naquilo que recebemos".[55]

Toda a celebração legítima da Eucaristia é dirigida pelo bispo, a quem foi confiado o dever de prestar à majestade divina o culto da religião cristã e de o regular conforme os preceitos do Senhor e as leis da Igreja, e, a seu critério, ulteriormente especificadas e adaptadas à sua diocese.

Desse modo, os bispos, rezando pelo povo e trabalhando, repartem de vários modos e com abundância a plenitude da santidade de Cristo. Pelo ministério da palavra comunicam a força de Deus para a salvação dos crentes (cf. Rm 1,16), e santificam os fiéis pelos sacramentos, cuja administração ordenada e frutuosa regulam com a própria autoridade.[56] Regulamentam a administração do Batismo, que dá a participação no sacerdócio régio de Cristo. São eles os ministros primários da Confirmação, os dispensadores das sagradas ordens, os ordenadores da disciplina penitencial; exortam e instruem com solicitude o seu povo, para que participe com fé e devoção na liturgia, especialmente no santo sacrifício da missa. Devem, finalmente, edificar com o exemplo de sua vida aqueles de quem são chefes, guardando os seus costumes de todo mal e levando-os, com a ajuda de Deus, ao bem, para que possam chegar à vida eterna juntamente com a grei que lhes foi confiada.[57]

---

[55] São Leão M., Serm. 63, 7: PL 64, 357 C.

[56] Traditio Apostolica de Hipólito, 2-3: Ed. Botte pp. 26-30.

[57] Cf. o texto do exame no início da sagração episcopal e a oração no fim da missa da mesma sagração, depois do Te Deum.

Função de governar

27. Os bispos regem como vigários e legados de Cristo as Igrejas particulares a eles confiadas,[58] com os seus conselhos, exortações e exemplos, e ainda com a sua autoridade e o seu poder sagrado, de que se servem unicamente para fazer crescer a sua grei na santidade e na verdade, lembrados de que quem é o maior deve tornar-se o menor, e o que governa como aquele que serve (cf. Lc 22,26-27). Este poder, que pessoalmente exercem em nome de Cristo, é próprio, ordinário e imediato, ainda que o seu exercício seja regulado, em última instância, pela suprema autori-

---

[58] Bento XIV, Br. Romana Ecclesia, 5 out. 1752, § 1: Bullarium Benedicti XIV, t. IV, Roma, 1758, 21: "Episcopus Christi typum gerit, Eiusque munere fungitur". Pio XII Carta Enc. Mystici Corporis 1, cit., p. 21: "Assignatos sibi greges singuli singulos Christi nomine pascunt et regunt".

LG 27: Com poder próprio e imediato recebido de Cristo, os bispos governam as Igrejas particulares que lhes foram confiadas como vigários e legados de Cristo, seja por meio de conselhos, persuasões, exemplos, seja com autoridade e poder sagrado, que exercem unicamente para edificar o próprio rebanho na verdade e na santidade, lembrados de que aquele que é maior se deve fazer como o menor, e o que preside como aquele que serve. Responsáveis pela ação pastoral, os bispos governam com e sob a vigilância da autoridade suprema, cientes de que o Espírito Santo conserva indefectivelmente a forma de governo estabelecida por Cristo na sua Igreja. Agem como pai em sua família, consideram os membros de sua Igreja local como filhos, pois sabem que devem prestar contas a Deus do rebanho que lhes foi confiado. Estejam sempre prontos para evangelizar e para exortar. Os fiéis adiram ao seu bispo, como a Igreja adere a Cristo e este ao Pai. Dessa forma todas as coisas concorrem para a unidade e a glória de Deus Pai.

dade da Igreja, e possa circunscrever-se dentro de limites determinados, tendo em vista a utilidade da Igreja ou dos fiéis. Por força deste poder, os bispos têm o direito sagrado e, diante do Senhor, o dever de legislar para os seus súditos, de julgar e regular tudo quanto diz respeito à organização do culto e do apostolado.

A eles está confiado plenamente o ofício pastoral, isto é, a solicitude habitual e cotidiana das suas ovelhas, e não devem ser considerados como vigários do Romano Pontífice, já que estão revestidos de poder próprio, e são chamados, com toda a verdade, os chefes dos povos que governam.[59] Por isso, o seu poder não fica anulado pelo poder supremo e universal, mas antes é por ele confirmado, fortalecido e defendido,[60] conservando o Espírito Santo intacta a forma de regime que Cristo Senhor nosso estabeleceu na sua Igreja.

Enviado pelo Pai de família, a governar a sua família, o bispo tenha sempre diante dos olhos o exemplo do Bom Pastor que veio não para ser servido, mas para servir (cf. Mt 20,28; Mc 10,45) e dar a vida pelas suas ovelhas (cf. Jo 10,11). Escolhido de entre os homens e sujeito a fraquezas, pode compadecer-se dos ignorantes e dos extraviados (cf. Hb 5,1-2). Não se recuse a ouvir os seus súditos, amando-os como a verdadeiros filhos e exortando-os a colaborarem prontamente consigo. Consciente de que tem de dar contas a Deus pelas almas deles (cf. Hb 13,17), com a oração, a pregação e todas as obras de caridade, cuide não

---

[59] Leão XIII, Epist. Enc. Satis cognitum, 29 jun. 1896: AAS 28 (1895-96) p. 732. Idem, Epist. Offício Sanctissimo, 22 dez. 1887: ASS 20 (1887) p. 264. Pio IX, Carta Apost. aos bispos da Alemanha, 12 mar. 1875, e Aloc. consist. 15 mar. 1875: Denz. 3112-3117, só na nova ed.

[60] Conc. Vat. I, Const. dogm. Pastor Aeternus, 3: Denz. 1828 (3061). Cf. Relação de Zinelli: Mansi 52, 1114 D.

só dos súditos, mas também daqueles que não são ainda do único redil e que deve considerar como confiados a si no Senhor. Sendo ele, como o apóstolo Paulo, devedor para com todos, esteja pronto a anunciar o Evangelho a todos (cf. Rm 1,14-15), e estimule os seus fiéis a darem-se a atividades apostólicas e missionárias. Os fiéis, por seu lado, devem conservar-se unidos ao bispo como a Igreja está unida a Jesus Cristo, e como Jesus Cristo ao Pai, para que todas as coisas se harmonizem na unidade[61] e cresçam para a glória de Deus (cf. 2Cor 4,15).

Os presbíteros: suas relações com Cristo, com os bispos, com o presbitério e com o povo cristão

28. Cristo, santificado e enviado ao mundo pelo Pai (Jo 10,36), através dos apóstolos, fez participar da sua consagração e da sua missão os seus sucessores, isto é, os bispos,[62] os quais legitimamente confiaram, em graus

---

[61] Cf. Santo Inácio M., Ad Ephes. 5, 1: Ed. Funk, I, p. 216.
[62] Cf. Santo Inácio M., Ad Ephes. 6, 1: Ed. Funk I, p. 218.

LG 28: O sacramento da Ordem, por determinação do próprio Cristo e a ação do Espírito Santo, é vivido em grau diverso por diversos sujeitos na Igreja. Desde a antiguidade encontramos, pois, bispos, presbíteros e diáconos. Os presbíteros dependem dos bispos no exercício de sua missão, mas pelo sacramento da Ordem são consagrados para pregar o Evangelho, apascentar os fiéis e celebrar o culto divino como verdadeiros sacerdotes do Novo Testamento. Sua missão atinge o seu cume na celebração da Eucaristia. Nela unem as preces dos fiéis ao sacerdócio de sua cabeça, aplicando os seus merecimentos até a vinda do Senhor. Ministros dos sacramentos da Reconciliação e da Unção,

diversos, o cargo do seu ministério a várias pessoas na Igreja. Assim, o ministério eclesiástico, de instituição divina, é exercido em ordens diversas por aqueles que já antigamente eram chamados bispos, presbíteros e diáconos.[63] Ainda que não tenham a plenitude do sacerdócio e dependam dos bispos no exercício dos seus poderes, os presbíteros estão-lhes unidos na dignidade sacerdotal comum[64] e, pelo sacramento da Ordem,[65] são consagrados para pregar o Evangelho, apascentar os fiéis e cele-

---

[63] Cf. Conc. Trid., sess. 23, De Sacr. Ordinis, cap. 2: Denz. 958 (1765), e can. 6: Denz. 966 (1776).

[64] Cf. Inocêncio I, Epist. ad Decentium: PL 20, 554 A: Mansi 3, 1029: Denz. 98 (215): "Presbyteri, licet secundi sint sacerdotes, pontificatus tamen apicem non habent". — São Cipriano, Epist. 6; 3: ed. Hartel, p. 696.

[65] Cf. Conc. Trid., l. cit., Denz. 956a-968 (1763-1778) e em especial can. 7: Denz. 967 (171). — Pio XII, Const. Apost. Sacramentum Ordinis: Denz. 2301 (3857-61).

apresentam ao Pai as preces confiantes e arrependidas dos fiéis. Pregando e confessando, ensinam o que creem e buscam viver o que ensinam. Com o seu bispo, de quem são eficazes colaboradores, constituem um presbitério. Governam então uma parcela da grei do Senhor, santificando e governando a porção do rebanho que lhes é confiada. Tendo o bispo como pai e obedecendo suas orientações, sentem-se membros do corpo episcopal em razão da ordem e do ministério, contribuindo desta forma para o bem de toda a Igreja. Com os demais presbíteros estão ligados numa fraternidade, em comunhão de vida, de trabalho e de caridade. Servem ao povo ao qual são prepostos, tornando-os em Povo Santo de Deus, mostrando a todos, também aos não católicos e mesmo infiéis, a imagem de Cristo que veio para salvar a todos e dar a sua vida em resgate de muitos. Com sua vida e ação, sejam os arautos da unidade e da paz, evitando toda sorte de divisão. Destarte, a humanidade caminhará para a unidade da família de Deus.

brar o culto divino, como verdadeiros sacerdotes do Novo Testamento,[66] à imagem de Cristo, Sumo e Eterno Sacerdote (Hb 5,1-10; 7,24; 9,11-28). Participando, no grau próprio do seu ministério, da função de Cristo, Mediador único (1Tm 2,5), anunciam a todos a Palavra de Deus. Exercem o seu ministério sagrado principalmente no culto ou assembleia eucarística, onde, agindo na pessoa de Cristo,[67] e proclamando o seu mistério, juntam as orações dos fiéis ao sacrifício de Cristo, sua cabeça, e, no sacrifício da missa, renovam e aplicam,[68] até a vinda do Senhor (cf. 1Cor 11,26), o único sacrifício do Novo Testamento, no qual Cristo, uma vez por todas, se ofereceu ao Pai como hóstia imaculada (cf. Hb 9,11-28). E muito especialmente exercem o ministério da reconciliação e do alívio, em favor dos arrependidos e dos doentes, e apresentam a Deus--Pai as necessidades e as orações dos fiéis (cf. Hb 5,1-4). Desempenhando, à medida da sua autoridade, a função de Cristo, pastor e cabeça,[69] congregam a família de Deus em fraternidade animada pelo espírito de unidade,[70] e conduzem-na por Cristo e no Espírito, até Deus Pai. No meio da própria grei, adoram-no em espírito e verdade (cf. Jo 4,24). Finalmente, trabalham na pregação e no ensino (cf. 1Tm 5,17), crendo no que meditaram lendo a lei do Senhor, ensinando o que creram e vivendo o que ensinaram.[71]

---

[66] Cf. Inocêncio I, l. cit. — São Gregório Naz., Apol. II, 22: PG 35, 432 B. Ps. — Dionísio, Eccl. Hier., 1, 2: PG 3, 372 D.

[67] Conc. Trid., Sess. 22: Denz. 940 (1743). Pio XII, Carta Enc. Mediator Dei, 20 nov. 1947: AAS 39 (1947) p. 553, Denz. 2300 (3850).

[68] Cf. Conc. Trid., Sess. 22: Denz. 938 (1739-40). Conc. Vat. II, Const. De Sacra Liturgia, n. 7 e n. 47.

[69] Cf. Pio XII, Carta Enc. Mediator Dei, 1. cit., n. 67.

[70] Cf. São Cipriano, Epist. 11, 3: PL 4, 242 B; Hartel, II, 2, p. 497.

[71] Ordo consecrationis sacerdotalis, na imposição das vestes.

Os presbíteros, chamados ao serviço do Povo de Deus, como prudentes cooperadores da ordem episcopal,[72] seus auxiliares e instrumentos, constituem com o bispo um único presbitério,[73] embora destinado a funções diversas. Em cada uma das comunidades locais de fiéis, como que tornam presente o bispo a quem estão unidos pela confiança e magnanimidade de espírito, e de cujo cargo e solicitude tomam sobre si uma parte, exercendo-a com dedicação todos os dias. Sob a autoridade do bispo, santificam e dirigem a porção da grei do Senhor que lhes foi confiada, tornam visível nesse lugar a Igreja universal e dão o seu contributo eficaz para a edificação de todo o corpo de Cristo (cf. Ef 4,12). Interessados sempre no bem dos filhos de Deus, procurem colaborar na ação pastoral de toda a diocese e mesmo da Igreja inteira. Mercê desta participação no sacerdócio e na missão, os presbíteros reconheçam o bispo como seu verdadeiro pai e obedeçam-lhe com respeito. O bispo, por seu lado, considere os sacerdotes seus colaboradores, como filhos e amigos, como fez Cristo, que aos discípulos não chamou servos, mas amigos (cf. Jo 15,15). Em virtude do sacramento da Ordem e do ministério, todos os sacerdotes, quer diocesanos, quer religiosos, estão unidos ao corpo episcopal e trabalham para o bem de toda a Igreja, segundo a vocação e a graça de cada um.

A mesma sagrada ordenação e a mesma missão criam, entre todos os presbíteros, laços de íntima fraternidade, que deve traduzir-se espontânea e alegremente na ajuda mútua, espiritual e material, pastoral e pessoal,

---

[72] Ordo consecrationis sacerdotalis, no prefácio.

[73] Cf. Santo Inácio M., Philad. 4: Ed. Funk, I, p. 266. — São Cornélio I, em São Cipriano, Epist. 48, 2: Hartel, III, 2, p. 610.

nas reuniões, na comunhão de vida, de trabalho e de caridade.

Tenham cuidados de pais em Cristo para com os fiéis, a quem geraram espiritualmente pelo Batismo e pela doutrina (cf. 1Cor 4,15; 1Pd 1,23). Esforcem-se por ser modelos do povo (1Pd 5,3), governem e estejam ao serviço da sua comunidade local, de tal forma que ela possa ser dignamente chamada com o nome que designa única e inteiramente o Povo de Deus, o de Igreja de Deus (cf. 1Cor 1,2; 2Cor 1,1; passim). Lembrem-se de que, com a sua conduta de cada dia e com a sua solicitude, devem mostrar a imagem de ministério verdadeiramente sacerdotal e pastoral aos fiéis e infiéis, aos católicos e não católicos, e devem dar a todos testemunho de verdade e de vida; e como bons pastores devem procurar também (cf. Lc 15,4-7) aqueles que foram batizados na Igreja católica, mas abandonaram a prática dos sacramentos ou mesmo perderam a fé.

Como hoje em dia a humanidade tende cada vez mais para a unidade civil, econômica e social, assim importa que os sacerdotes, unindo o seu zelo e os seus esforços sob a orientação dos bispos e do Sumo Pontífice, procurem suprimir qualquer motivo de dispersão, para que todo o gênero humano seja reconduzido à unidade da família de Deus.

Os diáconos

29. Num grau inferior da hierarquia estão os diáconos, que receberam a imposição das mãos, "não para o

---

LG 29: Os diáconos receberam o sacramento da Ordem em função do serviço ao Povo de Deus em união com os bispos e os presbíteros. É seu ministério administrar solenemente o Batismo,

sacerdócio, mas para o ministério".[74] Assim, confortados pela graça sacramental, servem o Povo de Deus no serviço (diaconia) da liturgia, da palavra e da caridade, em comunhão com o bispo e o seu presbitério. Pertence ao diácono, conforme as determinações da autoridade competente, administrar o Batismo solene, conservar e distribuir a Eucaristia, assistir e abençoar em nome da Igreja aos matrimônios, levar o viático aos moribundos, ler a Sagrada Escritura aos fiéis, instruir e exortar o povo, presidir ao culto e à oração dos fiéis, administrar os sacramentais e presidir aos ritos dos funerais e da sepultura. Dedicados às tarefas de caridade e administração, recordem os diáconos aquele conselho de São Policarpo: "Misericordiosos e diligentes, procedam em harmonia com a verdade do Senhor que se fez servidor de todos".[75]

---

[74] Constitutiones Ecclesiae aegypticae, III, 2: Ed. Funk, Didascalia, II p. 103. Statuta Eccl. Ant. 37-41: Mansi 3, 954.

[75] São Policarpo, Ad Phil. 5, 2: Ed. Funk, I, p. 300: diz-se de Cristo: "omnium diaconus factus". Cf. São Clemente Rom., Ad Cor. 15. 15, 1: ib., p. 32. Santo Inácio M., Trall. 2, 3: ib., p. 242. Constitutiones Apostolorum, 8, 28, 4: Ed. Funk, Didascalia, I, p. 530.

---

guardar e distribuir a Eucaristia, assistir e abençoar o Matrimônio em nome da Igreja, levar o viático aos moribundos, ler aos fiéis a Sagrada Escritura, instruir e exortar o povo, presidir ao culto e à oração dos fiéis, administrar os sacramentais, dirigir os ritos do funeral e da sepultura. Consagrados aos ofícios da caridade e da administração, lembrem-se os diáconos da recomendação de São Policarpo: "misericordiosos, diligentes, caminhando na verdade do Senhor, que se fez servo de todos". O Concílio estabelece a possibilidade da instituição do diaconado permanente, seja para homens casados, seja para jovens. Ressalva, porém, a lei do celibato para os que não estão casados.

Tendo em conta que, segundo a disciplina hoje em dia vigente na Igreja latina, em várias regiões só dificilmente se chegam a desempenhar estas funções tão necessárias para a vida da Igreja, daqui em diante poderá o diaconato ser restabelecido como grau próprio e permanente na hierarquia. Competirá às conferências episcopais nacionais decidir, com a aprovação do Sumo Pontífice, se é oportuno e onde, para o bem das almas, instituírem-se tais diáconos. Poderá este diaconato, com o consentimento do Romano Pontífice, ser conferido a homens de idade madura, mesmo casados, ou também a jovens idôneos; mas para estes últimos mantém-se em vigor a lei do celibato.

Capítulo IV
Os leigos

Os leigos na Igreja

30. O sagrado Concílio, depois de ter enunciado as funções da hierarquia, de bom grado dirige o seu pensamento para o estado daqueles fiéis que têm o nome de leigos. Embora o que se disse do Povo de Deus valha igualmente para leigos, religiosos e clérigos, contudo certas coisas dizem respeito de modo particular aos leigos, homens e mulheres, em razão da sua condição e da sua missão, e importa considerar-lhes os fundamentos com mais cuidado, em virtude das circunstâncias especiais do tempo

---

Capítulo IV: O tratamento sobre os leigos forma o capítulo IV da LG. Dentro do Povo de Deus, os leigos têm uma vocação peculiar: não fazem parte da hierarquia. Formam a unidade do Povo de Deus, na diversidade dos carismas recebidos, principalmente o de consagrar o mundo pelo seu apostolado dando testemunho e santificando suas estruturas. São peculiares as suas relações com a hierarquia, vivificando e transformando o mundo por dentro, pois eles são os construtores da cidade secular.

LG 30: Os fiéis leigos ocupam a atenção do capítulo IV da LG. A expressão "Povo de Deus" engloba em si todos os membros da Igreja: hierarquia, religiosos e laicato. Contudo, há situações e aplicações que dizem respeito especificamente aos homens e mulheres que, em razão de seu estado e missão, têm um lugar

atual. Os sagrados pastores reconhecem perfeitamente quanto os leigos contribuem para o bem de toda a Igreja. Sabem que os pastores não foram instituídos por Cristo para assumirem sozinhos toda a missão da Igreja quanto à salvação do mundo, mas que o seu excelso múnus é apascentar os fiéis e reconhecer-lhes os serviços e os carismas, de tal maneira que todos, a seu modo, cooperem unanimemente na tarefa comum. É, pois, necessário que todos, "seguindo a verdade em amor, cresçamos em tudo em direção àquele que é a cabeça, Cristo, cujo corpo, em sua inteireza, bem ajustado e unido por meio de toda junta e ligadura, com a operação harmoniosa de cada uma de suas partes, realiza o seu crescimento para a sua própria edificação no amor" (Ef 4,15-16).

Natureza e missão dos leigos

31. Por leigos entende-se aqui o conjunto dos fiéis, com exceção daqueles que receberam uma ordem sacra ou abraçaram o estado religioso aprovado pela Igreja, isto é, os fiéis que, por haverem sido incorporados a Cristo pelo

---

específico no Povo de Deus. Com seu modo próprio de viver, os leigos colaboram diretamente com os sagrados pastores para o bem do Povo de Deus.

LG 31: Os leigos são aqueles fiéis que, incorporados em Cristo pelo Batismo, não fazem parte da hierarquia. Constituídos em Povo de Deus, participam, a seu modo, da função sacerdotal, profética e real de Cristo, exercendo a missão de todo o Povo cristão na Igreja e no mundo. É próprio e peculiar dos leigos a característica secular. Por sua vocação própria, compete-lhes procurar o Reino de Deus, tratando das realidades temporais e ordenando-as segundo Deus. Exercendo no mundo sua função própria, guiados

Batismo e constituídos em Povo de Deus, e por participarem a seu modo do múnus sacerdotal, profético e real de Cristo, realizam na Igreja e no mundo, na parte que lhes compete, a missão de todo o povo cristão.

A índole secular é própria e peculiar dos leigos. Na verdade, os que receberam ordens sacras, embora possam algumas vezes ocupar-se das coisas seculares, exercendo até uma profissão secular, em virtude da sua vocação são destinados principal e explicitamente ao sagrado ministério, ao passo que os religiosos, pelo seu estado, testemunham, de modo luminoso e exímio, que o mundo não pode transfigurar-se e oferecer-se a Deus sem o espírito das bem-aventuranças. Aos leigos compete, por vocação própria, buscar o Reino de Deus, ocupando-se das coisas temporais e ordenando-as segundo Deus. Vivem no mundo, isto é, no meio de todas e cada uma das atividades e profissões, e nas circunstâncias ordinárias da vida familiar e social, as quais como que tecem a sua existência. Aí os chama Deus a contribuírem, do interior, à maneira de fermento, para a santificação do mundo, através de sua própria função; e, guiados pelo espírito evangélico e desta forma, a manifestarem Cristo aos outros, principalmente com o testemunho da vida e o fulgor da sua fé, esperança e caridade. A eles, portanto, compete muito especialmente esclarecer e ordenar todas as coisas temporais, com as quais estão intimamente comprometidos, de tal maneira

---

pelo espírito evangélico, concorram para a sua santificação a partir de dentro, como o fermento na massa. A eles compete iluminar e ordenar de tal modo as realidades temporais, a que estão estreitamente ligados, que elas sejam sempre feitas segundo Cristo, e progridam e glorifiquem o Criador e Redentor.

que sempre se realizem segundo o espírito de Cristo, se desenvolvam e louvem o Criador e o Redentor.

Dignidade dos leigos no Povo de Deus

32. A santa Igreja é, por instituição divina, organizada e dirigida por variedade admirável. "Pois assim como num só corpo temos muitos membros e os membros não têm todos a mesma função, de modo análogo, nós somos muitos e formamos um só corpo em Cristo, sendo membros uns dos outros" (Rm 12,4-5).

É, portanto, uno o Povo eleito de Deus: "Um só Senhor, uma só fé, um só Batismo" (Ef 4,5); comum é a dignidade dos membros pela sua regeneração em Cristo, comum a graça de filhos, comum a vocação à perfeição; uma só a salvação, uma só a esperança e a unidade sem divisão. Nenhuma desigualdade existe em Cristo e na Igreja, por motivo de raça ou de nação, de condição social ou de sexo, pois "não há judeu nem grego, não há escravo nem livre, não há homem nem mulher; pois todos vós sois um só em Cristo Jesus" (Gl 3,28 gr.; cf. Cl 3,11).

Se, na Igreja, nem todos caminham pela mesma via, ainda assim, todos são chamados à santidade e têm

---

LG 32: Um só é o Povo de Deus, na diversidade de seus dons e carismas. Não há nele lugar para divisões ou diferenças de raça, cor, sexo ou posição social... Embora nem todos sigam o mesmo caminho, todos são chamados à mesma santidade, uma vez que estão ligados pelo vínculo da vida batismal. Na variedade, todos testemunhem a admirável unidade do Corpo Místico de Cristo, uma vez que um só é o mesmo Espírito que opera tudo em todos. Não se pode esquecer que a exigência da vivência da caridade é para todos.

igualmente a mesma fé pela justiça de Deus (cf. 2Pd 1,1). E, se é certo que alguns, por vontade de Cristo, são constituídos como doutores, administradores dos mistérios e pastores para os outros, reina afinal entre todos verdadeira igualdade no que respeita à dignidade e à ação comum de todos os fiéis para a edificação do corpo de Cristo. A distinção, que o Senhor estabeleceu, entre os ministros sagrados e o restante do Povo de Deus, implica união, pois os pastores e os fiéis estão vinculados entre si por uma relação mútua e necessária: os pastores da Igreja, seguindo o exemplo do Senhor, estejam ao serviço uns dos outros e dos fiéis, e estes, por sua vez, prestem de boa vontade colaboração aos pastores e doutores. Assim, na variedade, todos dão testemunho da admirável unidade do corpo de Cristo, pois a própria diversidade de graças, de ministérios e de funções agrupa na unidade os filhos de Deus, já que "é o único e mesmo Espírito que isso tudo realiza" (1Cor 12,11).

Os leigos, portanto, como por designação divina, têm a Cristo como irmão, o qual, mesmo sendo o Senhor de todas as coisas, veio não para ser servido mas para servir (cf. Mt 20,28), assim também têm como irmãos aqueles que, constituídos no sagrado ministério e ensinando, santificando e governando por autoridade de Cristo a família de Deus, de tal modo a apascentam que todos cumpram o preceito novo da caridade. A este propósito, diz com acerto Santo Agostinho: "Se me incute medo o ser para vós, consola-me o estar convosco. Para vós sou bispo, convosco sou cristão. Aquele é o nome do ofício, este o da graça; aquele o do perigo, este o da salvação".[1]

---

[1]   Santo Agostinho, Serm. 340, 1: PL 38, 1483.

O apostolado dos leigos

33. Os leigos, congregados no Povo de Deus e constituídos no único corpo de Cristo sob uma só cabeça, quaisquer que sejam, são chamados, como membros vivos, a contribuir com todas as suas forças, recebidas da bondade do Criador e da graça do Redentor, para o incremento da Igreja e sua santificação perene.

O apostolado dos leigos é a participação na própria missão salvífica da Igreja, e a este apostolado são destinados todos pelo próprio Senhor ao receberem o Batismo e a Confirmação. Pelos sacramentos, e especialmente pela sagrada Eucaristia, comunica-se e alimenta-se aquela caridade para com Deus e para com os homens, que é a alma de todo apostolado. Mas os leigos são chamados de modo especial a tornar presente e operante a Igreja naqueles lugares e circunstâncias onde ela só por meio deles pode vir a ser sal da terra.[2] Assim, todo o leigo, por virtude

---

[2] Cf. Pio XI, Carta Enc. Quadragesimo Anno, 15 maio 1931: AAS 23 (1931) p. 221s. — Pio XII, aloc. De quelle consolation, 14 out. 1951: AAS 43 (1951) p. 790ss.

LG 33: Os leigos são chamados a concorrer para a edificação da Igreja com todos os dons e graças que receberam do seu Senhor mediante o Batismo e a Confirmação. O seu apostolado constitui-se participação na missão salvadora da Igreja. Os demais sacramentos, sobretudo a sagrada Eucaristia, comunicam e alimentam aquele amor para com Deus e para com os semelhantes, que é a alma de todo o apostolado. Há dimensões da vida eclesiástica nas quais só os leigos podem agir. Ademais, concorrem especificamente com a missão da hierarquia, segundo toda a tradição cristã. É missão dos pastores facilitar-lhes seu ardor na ação santificadora da Igreja.

dos dons que recebeu, é testemunha e ao mesmo tempo instrumento vivo da missão da própria Igreja "segundo a medida do dom de Cristo" (Ef 4,7).

Além desse apostolado, que pertence a todos os fiéis sem exceção, os leigos podem ser chamados de diversos modos a uma colaboração mais imediata com o apostolado da hierarquia,[3] à semelhança daqueles homens e mulheres que ajudavam o apóstolo Paulo na evangelização, trabalhando muito no Senhor (cf. Fl 4,3; Rm 16,3ss). Têm, além disso, capacidade para serem destinados pela hierarquia ao exercício de determinados ofícios eclesiais, com um fim espiritual.

Pesa ainda sobre todos os leigos o encargo glorioso de trabalhar para que o plano divino da salvação atinja cada vez mais todos os homens, em quaisquer tempos e lugares. Abram-se-lhes, pois, todos os caminhos para que, segundo as suas forças e as necessidades dos tempos, participem também eles, ardorosamente, na tarefa salvadora da Igreja.

Função sacerdotal e cultual

34. Jesus Cristo, Sumo e Eterno Sacerdote, querendo continuar também por meio dos leigos o seu testemunho e

---

[3]   Pio XII, Aloc. Six ans se sont écoulés, 5 out. 1957: AAS 49 (1957) p. 927.

LG 34: Os leigos, enquanto consagrados a Cristo e ungidos no Espírito Santo, têm uma vocação admirável e são instruídos para que os frutos do Espírito se multipliquem neles cada vez mais abundantemente. Eles transformam toda a sua vida e ação em sacrifícios espirituais agradáveis a Deus por Jesus Cristo, consagrando, destarte, o próprio mundo.

o seu ministério, vivifica-os com o seu Espírito e impele-os constantemente a toda obra boa e perfeita.

Àqueles que une intimamente à sua vida e missão dá-lhes também parte no seu múnus sacerdotal com vistas a exercerem um culto espiritual, para glória de Deus e salvação dos homens. Por este motivo os leigos, enquanto consagrados a Cristo e ungidos pelo Espírito Santo, têm uma vocação admirável e são dotados de capacidade para que o Espírito produza neles frutos sempre mais abundantes. Todas as suas obras, orações e iniciativas apostólicas, a vida familiar e conjugal, o trabalho cotidiano, o descanso do espírito e do corpo, se forem realizados no Espírito, e até mesmo as contrariedades da vida, se levadas com paciência, convertem-se em sacrifícios espirituais, agradáveis a Deus por Jesus Cristo (cf. 1Pd 2,5); e, na celebração da Eucaristia, tudo isso é oferecido piedosamente ao Pai, juntamente com a oblação do corpo do Senhor. Assim também os leigos, procedendo santamente em toda parte como adoradores, consagram a Deus o próprio mundo.

Função profética e testemunho

35. Cristo, o grande Profeta que, pelo testemunho de sua vida e pela força da sua palavra, proclamou o reino do Pai, cumpre o seu múnus profético até a plena

---

LG 35: Cristo, o grande profeta, realizou a salvação do mundo pelo testemunho de sua vida e da sua palavra. Em sua Igreja, constituiu a hierarquia e os leigos, cada um em sua ordem, para serem testemunhas, dotando-os com o sentido da fé e com o dom da palavra. Sustentados pela esperança, deem testemunho, na vida secular, da transformação do mundo que aguardam. Nesta proclamação da fé e na realização do testemunho, tem peculiar

manifestação da glória, não apenas por meio da hierarquia, que ensina em seu nome e com o seu poder, mas também por meio dos leigos, aos quais estabelece suas testemunhas e aos quais dá o sentido da fé e a graça da palavra (cf. At 2,17-18; Ap 19,10), para que façam brilhar a força do Evangelho na vida cotidiana, familiar e social. Eles apresentam-se como filhos da promessa, quando, fortes na fé e na esperança, aproveitam o tempo presente (cf. Ef 5,16; Cl 4,5) e com paciência esperam a glória futura (cf. Rm 8,25). Não escondam esta esperança no interior da alma, mas exprimam-na também através das estruturas da vida secular, por uma renovação contínua e pela luta "contra os dominadores deste mundo de trevas e contra os espíritos do mal" (Ef 6,12).

Assim como os sacramentos da nova lei, alimento da vida e do apostolado dos fiéis, prefiguram o novo céu e a nova terra (Ap 21,1), assim também os leigos se tornam válidos arautos da fé nos bens esperados (cf. Hb 11,1), se unirem, sem desfalecimentos, a uma vida segundo a fé, a profissão da mesma fé. Esta evangelização, ou anúncio de Cristo, feita pelo testemunho da vida e pela palavra adquire um aspecto característico e uma eficácia particular pelo fato de se realizar nas condições ordinárias da vida no mundo.

Neste particular, tem grande importância aquele estado de vida que é santificado por um sacramento especial, isto é, a vida matrimonial e familiar. Nela se encontra um

---

missão a vida matrimonial e familiar. Nelas se encontram um exercício e uma admirável escola de apostolado, se a religião permear toda a vida e a transformar cada vez mais. Todos os leigos, junto com a hierarquia, têm a explícita obrigação de cooperar para a dilatação e crescimento do Reino de Cristo no mundo.

exercício e uma alta escola de apostolado dos leigos, quando a religião cristã penetra toda a organização da vida e a transforma cada dia mais. Nela têm os cônjuges a própria vocação para serem, um para o outro e para os filhos, testemunhas da fé e do amor de Cristo. A família cristã proclama em alta voz as virtudes presentes do Reino de Deus, e a esperança da vida plena. Assim, com seu exemplo e seu testemunho, acusa o mundo de pecado e ilumina aqueles que procuram a verdade.

Por conseguinte, os leigos, ainda quando se entregam a tarefas temporais, podem e devem realizar uma ação preciosa para a evangelização do mundo. Se alguns suprem determinados ofícios sagrados na medida em que lhes é permitido — por falta de ministros próprios, ou por impedimento destes em caso de perseguição —, e se muitos deles consomem todas as suas forças no trabalho apostólico, é preciso que todos cooperem para a dilatação e para o incremento do Reino de Cristo no mundo. Por isso esforcem-se os leigos com diligência por conhecer mais profundamente a verdade revelada e peçam instantemente a Deus o dom da sabedoria.

Função régia

36. Cristo, que se fez obediente até a morte, e por isso mesmo exaltado pelo Pai (cf. Fl 2,8-9), entrou na glória do

---

LG 36: Ao ser entronizado na glória do Pai, Cristo submeteu a si todas as coisas e todas as criaturas. Comunicou este poder aos seus discípulos a fim de que possam vencer o reino do pecado e conduzir seus irmãos e irmãs àquele Rei, a quem servir é reinar. Por sua vocação e por missão, os leigos participam diretamente desta vocação, para a dilatação do Reino do Pai. Com sua vida

seu reino; a ele estão submetidas todas as coisas, até que submeta ao Pai a si mesmo e consigo toda a criação, a fim de que Deus seja tudo em todos (cf. 1Cor 15,27-28). Ele comunicou este poder aos discípulos para que, também eles fossem constituídos na liberdade própria de reis, e, pela abnegação de si mesmos e por uma vida santa, vencessem em si próprios o reino do pecado (cf. Rm 6,12); ainda para que, servindo a Cristo também nos outros, conduzissem pela humildade e a paciência os seus irmãos àquele Rei a quem servir é reinar. Na verdade, o Senhor deseja dilatar, também pela atividade dos fiéis leigos, o seu reino, reino "de verdade e de vida, reino de santidade e de graça, reino de justiça, de amor e de paz";[4] neste reino também o mundo criado será libertado das cadeias da corrupção para entrar na liberdade da glória dos filhos de Deus (cf. Rm 8,21). Grande é, pois, a promessa, e grande o mandato que se dá aos discípulos: "Todas as coisas são vossas, mas vós sois de Cristo, e Cristo é de Deus" (1Cor 3,22-23).

---

[4] Missal Romano, do prefácio da festa de Cristo Rei.

---

santa e com o mútuo auxílio, os leigos fazem com que este mundo seja permeado do espírito de Cristo e possa atingir o seu fim. Toda a vida dos leigos e leigas deve permitir que Cristo ilumine cada vez mais a humanidade inteira com sua luz salvadora. Por sua coerência cristã e a prática das virtudes, informarão de valor moral a cultura e as obras humanas. Sabedores de seus deveres e direitos, os leigos e leigas devem lembrar-se da missão de guiar todas as coisas temporais pela consciência cristã. Com efeito, nenhuma atividade humana pode se subtrair ao domínio de Deus. Reconhecendo a justa autonomia da sociedade terrena, os leigos não podem permitir que a liberdade religiosa seja lesada na construção de um mundo sem religião e sem Deus.

Devem, pois, os fiéis reconhecer a natureza íntima de todas as criaturas, o seu valor e ordenação para o louvor de Deus, e devem ajudar-se mutuamente a conseguir uma vida mais santa, mesmo através das atividades propriamente seculares, de modo que o mundo se impregne do espírito de Cristo e atinja mais eficazmente o seu fim na justiça, na caridade e na paz. No desempenho deste dever de alcance universal, compete aos leigos a principal responsabilidade. Através da sua competência nas disciplinas profanas e por sua atividade, interiormente elevada pela graça de Cristo, procurem contribuir eficazmente para que os bens criados, segundo a ordenação do Criador e a luz de seu Verbo, sejam aperfeiçoados mediante o trabalho humano, a técnica e a cultura em benefício de todos os homens; e sejam mais justamente distribuídos, e contribuam, na medida que lhes é própria, para o progresso universal na liberdade humana e cristã. Assim Cristo, mediante os membros da Igreja, iluminará cada vez mais, com a sua luz salutar, toda a sociedade humana.

Além disso, congreguem os leigos os seus esforços para sanar as estruturas e as condições do mundo, se acaso elas incitam ao pecado, de modo que se conformem às normas da justiça e, longe de impedir, favoreçam a prática das virtudes. Agindo desta maneira, impregnarão de valor moral a cultura e as atividades humanas. Assim também se preparará melhor o campo do mundo para a semente da palavra divina e, ao mesmo tempo, se abrirão de par em par as portas da Igreja, por onde há de entrar no mundo o anúncio da paz.

Para serem úteis à economia da salvação, aprendam diligentemente os fiéis a distinguir entre os direitos e as obrigações que lhes correspondem enquanto membros da

Igreja, e os que lhes competem como membros da sociedade humana. Procurem com diligência harmonizá-los uns com os outros, lembrando-se de que em toda a ocupação temporal devem orientar-se sempre pela consciência cristã, pois nenhuma atividade humana, nem sequer na ordem temporal, pode subtrair-se ao império de Deus. Sobretudo no nosso tempo, é sumamente necessário que esta distinção e esta harmonia transpareçam com a maior clareza possível na maneira de agir dos fiéis, a fim de que a missão da Igreja possa corresponder mais plenamente às condições particulares do mundo moderno. Porque, assim como se deve reconhecer que a cidade terrena, por sua natureza entregue às preocupações temporais, se rege por princípios próprios, assim também se rejeita com toda a razão a doutrina funesta que pretende construir a sociedade prescindindo absolutamente da religião, e ataca e destrói a liberdade religiosa dos cidadãos.[5]

Relações com a hierarquia

37. Os leigos, como todos os cristãos, têm o direito de receber abundantemente dos sagrados pastores os bens

---

[5] Cf. Leão XIII, Epist. Enc. Immortale Dei, 1 nov. 1885: ASS 18 (1885) p. 166ss. Idem, Carta Enc. Sapientiae christianae, 10 Jan. 1890: AAS 22 (1889-90) p. 397ss. Pio XII, Aloc. Alla vostra filiale, 23 março 1958: AAS 50: (1958) p. 220: "la legittima sana laicità dello Stato".

LG 37: Os fiéis leigos têm o direito de receber os bens espirituais que lhes competem. Ademais, segundo sua função e ciência, agindo na caridade, têm a obrigação de participar da vida eclesial e do seu bem. Com reta consciência, acolham as orientações de seus pastores, orando por eles, a fim de que realizem sua missão com alegria e pronta disponibilidade. Respeitando a justa

espirituais da Igreja, sobretudo os auxílios da Palavra de Deus e dos sacramentos;[6] manifestem-lhes, pois, as suas necessidades e os seus desejos, com a liberdade e confiança próprias de filhos de Deus e irmãos em Cristo. Segundo a ciência, competência e prestígio que possuam, têm o direito, e até o dever, de manifestar o seu parecer no que se refere ao bem da Igreja.[7] Faça-se isto, se for o caso, através de órgãos estabelecidos pela Igreja para isso, sempre com verdade, fortaleza e prudência, mostrando respeito e caridade para com aqueles que, por motivo do seu ofício sagrado, fazem as vezes de Cristo.

Os leigos, como aliás todos os fiéis, segundo o exemplo de Cristo, que pela sua obediência até a morte, abriu a todos os homens o caminho feliz da liberdade dos filhos de Deus, procurem aceitar com prontidão e obediência cristã tudo o que os sagrados pastores, como representantes de Cristo, no exercício da sua função de mestres e governantes estabelecerem na Igreja. Em suas orações não deixem de recomendar a Deus os superiores, que vigiam sobre eles como quem terá de prestar contas das nossas almas, para que cumpram o seu dever com alegria e sem angústia (cf. Hb 13,17).

---

[6]   Cod. Iur. Can., can. 682.
[7]   Cf. Pio XII, Aloc. De quelle consolation, 1. cit., p. 789: "Dans les batailles décisives, c'est parfois du front que partent les plus heureuses initiatives...". Idem, Aloc. L'importance de la presse catholique, 17 fev. 1950: AAS 42 (1950), p. 256.

---

liberdade que compete aos leigos na cidade terrestre, os pastores saibam aproveitar-se de sua competência. As relações confiantes entre leigos e pastores concorrerão para o bem da Igreja e da humanidade.

Por sua parte, os sagrados pastores reconheçam e tornem efetivas a dignidade e a responsabilidade dos leigos na Igreja; aproveitem de bom grado o seu conselho prudente, confiem-lhes tarefas para o serviço da Igreja, e deixem-lhes liberdade e campo de ação; animem-nos mesmo a empreender outras obras por iniciativa própria. Considerem atentamente, diante de Deus, com paternal afeto, as iniciativas, as propostas e os desejos manifestados pelos leigos.[8] Enfim, os pastores hão de reconhecer respeitosamente a justa liberdade que a todos compete na sociedade terrestre.

Dessa relação familiar entre os leigos e os pastores devem-se esperar muitas vantagens para a Igreja: na verdade, assim se robustece nos leigos o sentido da própria responsabilidade, se favorece o seu entusiasmo e mais facilmente se conjugam as suas forças com a operosidade dos pastores. Estes, por sua vez, ajudados pela experiência dos leigos, ficam com possibilidade de julgar com maior clareza e exatidão tanto em coisas espirituais como em temporais. E assim a Igreja toda, fortalecida por todos os seus membros, realiza com maior eficácia a sua missão para a vida do mundo.

Os leigos, alma do mundo

38. Cada um dos leigos deve ser, perante o mundo, testemunha da ressurreição e da vida do Senhor Jesus e

---

[8]   Cf. 1Ts 5,19 e 1Jo 4,1.

LG 38: Os leigos sejam, no mundo, testemunhas da ressurreição e da vinda do Senhor e um sinal do Deus vivo. Todos e cada um deles devem alimentar o mundo com frutos espirituais, difundindo o espírito das bem-aventuranças. Sejam, pois, a alma do mundo.

sinal do Deus vivo. Todos juntos e cada um na medida das suas possibilidades, devem alimentar o mundo com frutos espirituais (cf. Gl 5,22), e infundir-lhe o espírito que é próprio dos pobres, dos mansos e dos pacíficos, daqueles que o Senhor no Evangelho proclamou bem-aventurados (cf. Mt 5,3-9). Numa palavra "o que a alma é no corpo, sejam-no os cristãos no mundo".[9]

---

[9] Epist. ad Diognetum, 6: Ed. Funk, I, 400. Cf. São João Crisóstomo, In Mat. Hom. 46 (47), 2: PG 58, 478, sobre o fermento na massa.

Capítulo V
Vocação universal à santidade na Igreja

A santidade na Igreja

39. Nós cremos que a Igreja, cujo mistério é exposto no sagrado Concílio, é indefectivelmente santa. Na verdade, Cristo, Filho de Deus, que com o Pai e o Espírito Santo é proclamado "o único Santo",[1] amou a Igreja como sua esposa, entregando-se a si mesmo por ela a fim de a santificar (cf. Ef 5,25-26); uniu-a a si como seu corpo e

---

[1] Missal Romano, Gloria in excelsis. Cf. Lc 1,35; Mc 1,24; Lc 4,34; Jo 6,39 (ho hagios tou Theou); At 3,14; 4,27 e 30; Hb 7,26; 1Jo 2,20; Ap 3,7.

Capítulo V: O centro do capítulo V é a vocação à santidade de todos os homens e mulheres. Este chamado é universal a partir do único mestre e modelo que é Jesus Cristo. Esta santidade pode e deve ser vivida nos diversos estados de vida que compõem o Povo de Deus. Ela atinge o seu ápice no martírio, quando uma pessoa dá a própria vida por Jesus Cristo, pelo seu Evangelho, pela sua Igreja. O testemunho de Cristo é a razão de ser dos conselhos evangélicos e deve ser vivido no estado de vida de cada pessoa.

LG 39: O Concílio proclama o chamado de todos à santidade. Cristo, santo como o Pai e o Espírito, amou a Igreja e por ela se entregou para a santificar. Cumulou-a com o dom do Espírito Santo, unindo-a a si para a glória de Deus Pai. Uma só é a vocação

enriqueceu-a com o dom do Espírito Santo, para a glória de Deus. Por isso, todos na Igreja, quer pertençam a hierarquia, quer sejam dirigidos por ela, são chamados à santidade segundo a palavra do Apóstolo: "Esta é a vontade de Deus, a vossa santificação" (1Ts 4,3; cf. Ef 1,4).

Esta santidade da Igreja incessantemente se manifesta e deve manifestar-se nos frutos de graça que o Espírito Santo produz nos fiéis; exprime-se de muitas maneiras em todos aqueles que, em harmonia com seu estado de vida, tendem à perfeição da caridade, edificando os outros, mas de modo particular, evidencia-se na prática dos conselhos que ordinariamente se chamam evangélicos. Esta prática dos conselhos que, por impulso do Espírito Santo, muitos cristãos abraçam, quer privadamente quer numa condição ou estado reconhecido pela Igreja, produz e deve produzir no mundo esplêndido testemunho e exemplo da mesma santidade.

Vocação universal à santidade

40. O Senhor Jesus, mestre e modelo divino de toda a perfeição, pregou a todos e a cada um dos seus discípulos, de qualquer condição que fossem, a santidade de vida, de que ele próprio é autor e consumador: "Sede perfeitos,

---

à santidade, pois ela é a vontade de Deus. Esta santidade aparece de modo muito explícito nos conselhos evangélicos vividos pelas pessoas que são chamadas a uma santidade feita testemunho e exemplo.

LG 40: A ordem de Jesus foi explícita: ser perfeito como o Pai é perfeito. Síntese do mandamento da perfeição é o mandamento do amor. Pela vocação batismal vivida na fé, os seguidores de Jesus trilham o caminho da santidade, como convém a santos

como é perfeito o vosso Pai celeste" (Mt 5,48).[2] Enviou a todos o Espírito Santo para os mover interiormente a amarem a Deus com todo o coração, com toda a alma, com toda a mente e com todas as forças (cf. Mc 12,30) e a amarem-se uns aos outros como Cristo os amou (cf. Jo 13,34; 15,12). Os seguidores de Cristo, que Deus chamou e justificou no Senhor Jesus, não pelos seus méritos mas por seu desígnio e sua graça, foram feitos no Batismo da fé verdadeiros filhos de Deus e participantes da natureza divina, e por isso mesmo verdadeiramente santos. Devem, portanto, com a ajuda de Deus, conservar e aperfeiçoar na sua vida a santidade que receberam. O Apóstolo exorta-os a viverem "como convém a santos" (Ef 5,3), a revestirem--se "como eleitos de Deus, santos e prediletos, de sentimentos de misericórdia, de benignidade, de humildade, de mansidão e de paciência" (Cl 3,12) e a fazerem servir os frutos do Espírito para a santificação (cf. Gl 5,22; Rm 6,22). Como, porém, todos cometemos muitas faltas (cf. Tg 3,2), temos contínua necessidade da misericórdia de Deus e devemos orar todos os dias: "Perdoai-nos as nossas ofensas" (Mt 6,12).[3]

É, pois, bem claro que todos os fiéis, seja qual for o seu estado ou classe, são chamados à plenitude da vida

---

[2] Cf. Orígenes, Comm. Rom. 7, 7: PG 14, 1122 B. — Ps. Macário, De Oratione, 11: PG 34, 861 AB. — Santo Tomás, Summa Theol. II-I-I, q. 184, a. 3.

[3] Cf. Santo Agostinho, Retract. II, 18: PL 32, 637s. — Pio XII, Carta Enc. Mystici Corporis, 29 junho 1943: AAS 35, (1943) p. 225.

---

e santas. Os frutos da santidade aparecem na vida concreta e são benéficos a toda a sociedade humana. A história da Igreja está permeada de exemplos de homens e mulheres que trilharam este caminho de santidade.

cristã e à perfeição da caridade":[4] por esta santidade se promove, também na sociedade terrena, um teor de vida mais humano. Empreguem os fiéis as forças recebidas segundo a medida da dádiva de Cristo, para alcançar esta perfeição, a fim de que, seguindo os seus exemplos, tornando-se conformes à sua imagem e obedecendo em tudo a vontade do Pai, se dediquem à glória de Deus e ao serviço do próximo. Assim, a santidade do Povo de Deus crescerá oferecendo abundantes frutos, como o demonstra brilhantemente, através da história da Igreja, a vida de tantos santos.

Multiforme exercício da única santidade

41. Uma mesma santidade é cultivada por todos aqueles que, nos vários gêneros de vida e nas diferentes profissões, são guiados pelo Espírito de Deus e, obedecendo à voz do Pai e adorando-o em espírito e verdade, seguem a Cristo pobre, humilde e carregado com a cruz,

---

[4] Cf. Pio XI, Carta Enc. Rerum omnium. 26 jan. 1923: AAS 15 (1923) p. 50 e pp. 59-60. Carta Enc. Casti connubii, 31 dez. 1930: AAS 22 (1930) p. 548. Pio XII, Const. Apost. Provida Mater, 2 fev. 1947: AAS 39 (1947) p. 117. Aloc. Annus Sacer, 8 dez. 1950: AAS 43 (1951) pp. 27-28. Aloc. Nel darvi, 1 jul. 1956: AAS 48 (1956) p. 574ss.

LG 41: Nos vários gêneros de vida que compõem a Igreja, não faltam homens e mulheres santos, abertos ao sopro do Espírito no seguimento de Cristo, adorando a Deus Pai. Os pastores do rebanho de Cristo são explicitamente chamados para esse testemunho de santidade. Também os presbíteros, a exemplo dos bispos, devem crescer no amor de Deus e do próximo com o seu dever cotidiano. Eles, de modo especial, sustentam a caminhada de fé, esperança e caridade, do povo a eles confiado. Os diáconos, em seu serviço especial ao Povo Santo de Deus, busquem agradar

para merecerem participar da sua glória. Cada um, segundo os dons e as funções que lhe foram confiados, deve enveredar sem hesitação pelo caminho da fé viva, que excita a esperança e opera pela caridade.

Em primeiro lugar, devem os pastores da grei de Cristo, à imagem do Sumo e Eterno Sacerdote, pastor e bispo das nossas almas, desempenhar santamente e com entusiasmo, com humildade e fortaleza o seu ministério, que assim cumprido se tornará para eles magnífico meio de santificação. Os que foram escolhidos para a plenitude do sacerdócio recebem a graça sacramental para poderem exercer o ofício perfeito da sua caridade pastoral, com a oração, o sacrifício e a pregação, através de toda a espécie de solicitude e serviço pastoral,[5] para que não tenham medo de dar a vida pelas suas ovelhas e ainda para que, feitos modelo, da sua grei (cf. 1Pd 5,3), com seu exemplo levem a Igreja a uma santidade cada vez maior.

Os presbíteros, à semelhança da ordem dos bispos de quem são a coroa espiritual,[6] participando da graça ministerial dos mesmos através de Cristo, eterno e único mediador, cresçam no amor de Deus e do próximo, pelo exercício cotidiano do seu dever, conservem o vínculo da comunhão sacerdotal, prodigalizem em todo o bem espiritual e sejam

---

[5] Cf. Santo Tomás, Summa Theol. II-II, q. 184, a. 5 e 6. De perf. vitae spir., c. 18. Orígenes, In Is. Mom. 6, 1: PG 13, 239.

[6] Cf. Santo Inácio M., Magn. 13, l: Ed. Funk, I, p. 240.

---

a Deus em tudo, máxime na entrega plena e dedicada à própria missão. Os esposos cristãos, as pessoas viúvas, os celibatários, as pessoas com impedimentos pela saúde, todos, em seu estado peculiar, são chamados à santidade pela participação no amor com o qual Cristo amou a sua Igreja e por ela se entregou.

para todos um testemunho vivo de Deus,[7] procurando imitar aqueles sacerdotes que, no decorrer dos séculos, deixaram, num ministério muitas vezes humilde e escondido, o maior exemplo de santidade. O seu louvor ressoa na Igreja de Deus. Rezando e oferecendo o sacrifício, como é seu dever, pelos seus fiéis e por todo o Povo de Deus, tomando consciência daquilo que fazem e imitando aquilo com que contatam,[8] em vez de encontrarem obstáculos nos cuidados apostólicos, nos perigos e nos contratempos, sirvam-se deles para elevar-se à maior santidade, alimentando e fomentando a sua atividade com a abundância de contemplação, para conforto de toda a Igreja de Deus. Todos os presbíteros, em especial aqueles que, por título particular da sua ordenação, chamamos sacerdotes diocesanos, recordem quanto aproveita à sua santificação a união fiel e a generosa cooperação com o seu bispo.

Os ministros de ordem inferior participam também, de modo peculiar, da missão e da graça do Sumo Sacerdote, sobretudo, os diáconos que, servindo nos mistérios de Cristo e da Igreja,[9] devem conservar-se puros de todos os vícios, agradar a Deus e procurar fazer todo o bem diante dos homens (cf. 1Tm 3,8-10.12-13). Os clérigos que, chamados pelo Senhor e segregados para o seu serviço, se preparam sob a vigilância dos pastores para os cargos de ministros, são obrigados a conformar a sua mente e o seu coração a tão excelsa escolha, sendo assíduos na oração, fervorosos na caridade, preocupados com tudo o

---

[7] Cf. São Pio X, Exort. Haerent animo, 4 ag. 1908: ASS 41 (1908) p. 560ss. Cod Iur. Can., can 124. Pio XI, Carta Enc. Ad catholici sacerdotii, 20 dez. 1935: AAS 28 (1936) p. 22.

[8] Ordo consecrationis sacerdotalis, na Exortação inicial.

[9] Cf. Santo Inácio M., Trall. 2, 3: Ed. Funk, I, p. 244.

que é verdadeiro, justo e de boa fama, fazendo tudo para glória e honra de Deus. A eles acrescentem-se aqueles leigos que, escolhidos por Deus, são chamados pelo bispo a dedicarem-se totalmente às lides apostólicas e trabalham na messe do Senhor com muitos frutos.[10]

É necessário que os cônjuges e os pais cristãos, seguindo o seu próprio caminho, se ajudem mutuamente a conservar a graça no decorrer de toda a sua vida, numa grande fidelidade de amor, e que eduquem na doutrina cristã e nas virtudes evangélicas a prole que receberem amorosamente de Deus. Oferecem, assim, a todos o exemplo de um amor incansável e generoso, constroem a fraternidade da caridade, e apresentam-se como testemunhas e cooperadores da fecundidade da mãe Igreja, como símbolo e participação do amor com que Cristo amou a sua esposa e por ela se entregou.[11] Exemplo semelhante, embora de outro modo, dão aqueles que, no estado de viuvez ou de celibato, podem contribuir não pouco para a santidade e para a ação da Igreja. Por seu lado, aqueles que vivem entregues a trabalhos muitas vezes duros busquem a perfeição própria nesses trabalhos humanos, ajudem os seus concidadãos, e fomentem o progresso da sociedade e do mundo; esforcem-se, além disso, através de caridade industriosa, por imitar a Cristo, que praticou com as suas mãos o trabalho, e continua a trabalhar com o Pai na salvação de todos; sejam alegres na esperança, levem uns os fardos dos outros, sirvam-se enfim da sua fadiga cotidiana para subir a maior santidade, também apostólica.

---

[10] Cf. Pio XII, Aloc. Sous la maternelle protection, 9 dez. 1957: AAS 50 (1958) p. 36.

[11] Pio XI. Carta Enc. Casti Connubii, 31 dez. 1930: AAS 22 (1930) p. 548s. — São João Crisóstomo, In Ephes. Hom. 20, 2: PG 62, 136ss.

Saibam que estão unidos de modo especial a Cristo, em suas dores pela salvação do mundo, aqueles que vivem oprimidos na pobreza, na fraqueza, na doença e noutras tribulações, ou os que sofrem perseguições por amor da justiça: todos esses, o Senhor no Evangelho proclamou-os bem-aventurados, e "depois de terdes sofrido um pouco, o Deus de toda a graça, aquele que vos chamou para sua glória eterna em Cristo, vos restaurará, vos firmará, vos fortalecerá e vos tornará inabaláveis" (1Pd 5,10).

Por conseguinte, todos os fiéis santificar-se-ão dia a dia, sempre mais, nas diversas condições da sua vida, nas suas ocupações e circunstâncias, e precisamente através de todas estas coisas, desde que as recebam com fé, das mãos do Pai celeste, e cooperem com a vontade divina, manifestando a todos, no próprio serviço temporal, a caridade com que Deus amou o mundo.

Caminhos e meios de santidade

42. "Deus é caridade e aquele que permanece na caridade permanece em Deus e Deus nele" (1Jo 4,16). Deus difundiu a sua caridade nos nossos corações por meio do

---

LG 42: Deus é amor e difundiu sua caridade em nossos corações pelo Espírito Santo que nos foi doado. A caridade é cultivada pela oração, os sacramentos, principalmente a Eucaristia, e corroborada pelas boas obras. Este amor dá a maior prova de si mesmo quando entrega a própria vida. O martírio, que é a máxima semelhança com Jesus Cristo, é também a mais insigne prova de amor. Embora seja concedido a poucos, todos, porém, devem estar dispostos a confessar a Cristo e segui-l'O no caminho da cruz em meio das perseguições que nunca faltarão à Igreja. O Pai concede múltiplos dons a homens e mulheres de todos os

Espírito Santo que nos foi dado (cf. Rm 5,5); por isso, o dom principal e mais necessário é a caridade, pela qual amamos a Deus sobre todas as coisas e ao próximo por causa dele. Mas, para a caridade crescer e frutificar na alma como boa semente, todo fiel deve ouvir de bom grado a Palavra de Deus e cumprir nas obras a sua vontade, deve, frequentemente, com o auxílio da sua graça, aproximar-se dos sacramentos sobretudo da Eucaristia, e tomar parte nos atos de culto; deve aplicar-se constantemente à oração, à abnegação de si mesmo e ao serviço dedicado dos seus irmãos, e ao exercício constante de todas as virtudes. Porque a caridade, sendo como é, o vínculo da perfeição e a plenitude da lei (cf. Cl 3,14; Rm 13,10), rege todos os meios de santificação, dá-lhes forma e os conduz à perfeição.[12] Daí que seja a caridade, para com Deus e para com o próximo, o sinal do verdadeiro discípulo de Cristo.

Como Jesus, Filho de Deus, manifestou a sua caridade, entregando a vida por nós, ninguém tem amor maior do que aquele que dá a sua vida por ele e pelos seus irmãos (cf. 1Jo 3,16; Jo 15,13). A dar este testemunho máximo

---

[12] Cf. Santo Agostinho, Enchir. 121, 32: PL 40, 288. — Santo Tomás, Summa Theol., II-II, q. 184, a. 1. — Pio XII, Exort. Menti nostrae, 23 set. 1950: AAS 42 (1950) p. 660.

---

tempos. O celibato e a virgindade, abraçados pelo Reino sempre, gozaram de grande estima na Igreja, tornando-se sinal, incentivo do amor e fonte de fecundidade espiritual no mundo. De igual valor e estima são a pobreza e a obediência abraçadas por amor a Cristo e ao seu Evangelho. Enfim, todos os cristãos e cristãs são chamados e obrigados a tender à santidade e perfeição do próprio estado, desapegando seus corações de si próprios e das coisas terrenas.

de amor diante de todos, principalmente diante dos perseguidores, foram chamados alguns cristãos já desde os primeiros tempos, e outros continuarão a sê-lo sempre. É por isso que o martírio, pelo qual o discípulo se assemelha ao Mestre que aceitou livremente a morte pela salvação do mundo, e a ele se conforma na efusão do sangue, é considerado pela Igreja como doação insigne e prova suprema da caridade. Se poucos o chegam a sofrer, todos devem estar prontos a confessar Cristo diante dos homens e a segui-lo pelo caminho da cruz, no meio das perseguições que nunca faltam à Igreja.

Fomentam também a santidade da Igreja, de modo especial, os muitos conselhos cuja observância o Senhor propõe aos seus discípulos no Evangelho.[13] Entre eles sobressai o dom precioso da graça divina, que o Pai concede a alguns (cf. Mt 19,11; 1Cor 7,7), para os levar com maior facilidade a consagrarem-se inteiramente a Deus na virgindade ou no celibato, sem repartirem o coração (cf. 1Cor 7,32-34).[14] Esta continência perfeita por causa do reino dos céus sempre foi tida pela Igreja em singular estima, como sinal da caridade, e como fonte peculiar de fecundidade espiritual no mundo.

A Igreja também recorda a advertência do Apóstolo que, animando os fiéis à caridade, os exorta a terem os mesmos sentimentos que havia em Cristo Jesus, ele que "se despojou a si próprio, tomando a condição de escravo

---

[13] Sobre os conselhos em geral, cf. Orígenes, Comm. Rom. X, 14: PG 14, 1275 B. Santo Agostinho, De Virginitate 15, 15: PL 40, 403. — Santo Tomás, Summa Theol. I-II, q. 100, a. 2 C (no fim); II-II q. 44. a. 4, ad 3.

[14] Sobre a excelência da sagrada virgindade, cf. Tertuliano, Exhort. Cast. 10: PL 2, 925 C. — São Cipriano, Hab. Virg. 3 e 22: PL 4, 443 B e 461 As. — Santo Atanásio, De Virg.: PG 28, 252ss. — São João Crisóstomo, De Virg.: PG 48, 533ss.

[...] feito obediente até a morte" (Fl 2,7-8), e por causa de nós "se fez pobre, ele que era rico" (2Cor 8,9). E porque os discípulos devem imitar e testemunhar sempre a caridade e a humildade de Cristo, a mãe Igreja rejubila por encontrar no seu seio muitos homens e mulheres que seguem mais de perto a aniquilação do Salvador e a manifestam mais claramente, abraçando a pobreza, com a liberdade dos filhos de Deus, e renunciando à sua vontade própria: por amor de Deus, submetem-se ao homem em matéria de perfeição, e indo além do que está preceituado, querem conformar-se mais plenamente com Cristo obediente.[15]

Assim, todos os fiéis são convidados e obrigados a tender para a santidade e perfeição do estado próprio. Cuidem, por isso, todos, de orientar retamente os seus afetos, não vá o uso das coisas mundanas e o apego às riquezas, contrário ao espírito de pobreza evangélica, impedi-los de alcançarem a caridade perfeita; já advertia o Apóstolo: "Os que se servem deste mundo, não se detenham nele, pois passa a figura deste mundo" (cf. 1Cor 7,31 gr.).[16]

---

[15] Sobre a pobreza espiritual cf. Mt 5,3 e 19,21: Mc 10,21; Lc 18,22; a respeito da obediência mostra-se o exemplo de Cristo, Jo 4,34 e 6,38; Fl 2,8-10: Hb 10,5-7.

[16] Sobre a prática efetiva dos conselhos que não se impõe a todos, cf. São João Crisóstomo, In Mat. Hom. 7, 7: PG 57, 81s. — Santo Ambrósio, de Viduis, 4, 23: PL 16, 241ss.

Capítulo VI
Os religiosos

Os conselhos evangélicos na Igreja

43. Os conselhos evangélicos de castidade consagrada a Deus, de pobreza e obediência, que se fundamentam nas palavras e nos exemplos do Senhor, e foram recomendados pelos apóstolos, pelos santos Padres e pelos doutores e pastores da Igreja, são um dom divino que a Igreja recebeu do Senhor e com sua graça conserva perpetuamente. A autoridade da Igreja, sob a direção do Espírito Santo, cuidou de interpretar esses conselhos, regular a sua prática e determinar também formas estáveis de os viver. Daí

Capítulo VI: Religiosos e religiosas constituem o capítulo VI. Os conselhos evangélicos professados em votos formam o estado religioso, que tem como finalidade precípua o serviço divino pelo testemunho de vida. Os religiosos e religiosas vivem, normalmente, em comunidades, dirigidas pelas suas regras e constituições. Embora tendo uma forma peculiar de viver, eles se relacionam com seus pastores, pois fazem parte integrante de uma Igreja local. Devem se destacar pela pureza no serviço do mundo, sendo instados a perseverar na santidade.

LG 43: Os conselhos evangélicos são um dom divino recebido do Senhor e conservados com carinho e zelo pela Igreja. Por sua autoridade a Igreja regula a sua prática e os constitui em forma de vida estável. As formas de vida são diversas e variadas.

derivou que, à maneira de árvore que se ramifica admirável e frondosa no campo do Senhor, a partir de semente lançada por Deus, se foram desenvolvendo várias formas de vida eremítica ou vida em comum e várias famílias religiosas, que de modo notável contribuem tanto para o aperfeiçoamento dos seus membros, como para o bem de todo o corpo de Cristo.[1] Essas famílias garantem de fato aos seus membros ajudas de maior estabilidade no teor de vida, da doutrina espiritual aprovada para a consecução da perfeição, da comunhão fraterna na milícia de Cristo e da liberdade fortalecida pela obediência, para que possam viver com segurança e manter com fidelidade a sua profissão religiosa e progredir com espírito alegre, no caminho da caridade.[2]

Tal estado, no plano divino e hierárquico da Igreja, não é estado intermédio entre a condição clerical e a laical: mas de uma e de outra chama Deus alguns fiéis a

---

[1] Cf. Rosweydus, Vitæ Patrum, Antuérpia. 1628. Apophtegmata Patrum: PG 65. Paládio, História Lausiaca; PG 34, 995ss: ed. C. Butler, Cambridge, 1898 (1904). Pio XI, Const. Apost. e Umbratilem, 8 jul. 1924: AAS 16 (1924) pp. 386-387. Pio XII, Aloc. Nous sommes heureux, 11 abril 1958: AAS 50 (1958) p. 283.

[2] Paulo VI, Aloc. Magno gaudio, 23 maio 1964: AAS 56 (1964) p. 566.

As várias famílias e formas de vida religiosa "garantem de fato aos seus membros ajudas de maior estabilidade no teor de vida, da doutrina espiritual aprovada para a consecução da perfeição, da comunhão fraterna na milícia de Cristo e da liberdade fortalecida pela obediência, para que possam viver com segurança e manter com fidelidade a sua profissão religiosa e progredir com espírito alegre, no caminho da caridade". O estado religioso não é intermediário entre hierarquia e laicato. De ambos os estados são chamados cristãos e cristãs para a vida consagrada.

usufruírem este dom especial na vida da Igreja e a ajudarem-na, cada um a seu modo, no desempenho da sua missão salvífica.[3]

Natureza e importância do estado religioso

44. Por meio dos votos, ou de outros vínculos sagrados por sua natureza equiparados aos votos, o cristão obriga-se à prática dos três conselhos evangélicos referidos, entrega-se totalmente a Deus, amado acima de tudo, ficando assim destinado, por título especial e novo, ao serviço e glória de Deus. Pelo Batismo, o cristão já morreu para o pecado e ficou consagrado a Deus; mas, para conseguir fruto mais abundante da graça batismal, procura, pela profissão dos conselhos evangélicos na Igreja, libertar-se dos impedimentos que o poderiam afastar do fervor

---

[3] Cf. Cod. Iur. Can., c. 487 e 488, 4º. Pio XII, Aloc. Annus sacer, 8 dez. 1950: AAS 43 (1951) p. 27s. — Pio XII, Const. Apost. Provida Mater, 2 fev. 1947: AAS 39 (1947) p. 120ss.

LG 44: Pelos votos ou compromissos a eles assemelhados, cristãos e cristãs entregam-se totalmente ao serviço do Deus sumamente amado, ficando por um título novo e especial colocados ao serviço de Deus e dos irmãos e irmãs. A caridade que impele a vida religiosa a viver a plenitude da morte ao pecado é a mesma que move homens e mulheres consagrados a entregar-se totalmente à missão. Destarte, a profissão dos conselhos evangélicos torna-se um sinal que atrai eficazmente todos os membros da Igreja a viver as exigências da própria vocação. O estado religioso deve poder manifestar a todos os fiéis os bens celestes já presentes neste mundo. Imitando, naquilo que é possível à condição humana, o estado religioso patenteia a elevação do Reino de Deus sobre tudo o que é terreno, revelando a grandeza do poder de Cristo.

da caridade e da perfeição do culto divino, e consagra-se mais intimamente ao serviço de Deus.[4] Esta consagração será tanto mais perfeita, quanto mais firmes e estáveis são os vínculos com os quais é representado Cristo, indissoluvelmente unido com a Igreja, sua esposa.

Uma vez que os conselhos evangélicos, mediante a caridade a que levam,[5] unem de maneira especial à Igreja e ao seu mistério os que os seguem, importa que também a sua vida espiritual se consagre ao bem de toda a Igreja. Daí nasce o dever de trabalharem, com todas as forças e segundo a forma da vocação própria, quer pela oração, quer pela atividade apostólica, para implantar e robustecer o Reino de Cristo nas almas e dilatá-lo a todo o mundo. Por isso, a Igreja defende e favorece a índole própria dos vários Institutos religiosos.

A profissão dos conselhos evangélicos aparece, portanto, como sinal, que pode e deve atrair eficazmente todos os membros da Igreja a cumprirem com diligência os deveres da vocação cristã. Precisamente porque o Povo de Deus não tem aqui a sua cidade permanente, mas procura a futura, o estado religioso, que deixa os seus membros mais livres das preocupações terrenas, manifesta melhor a todos os crentes a presença, já neste mundo, dos bens celestes, testemunha melhor a vida nova e eterna, adquirida pela redenção de Cristo, e melhor prenuncia a ressurreição futura e a glória do reino celestial. Este mesmo estado imita mais fielmente e representa perpetuamente na Igreja aquela forma de vida que o Filho de Deus, ao

---

[4] Paulo VI, 1. cit., p. 567.

[5] Cf. Santo Tomás, Summa Theol. II-II, q. 184, a. 3 e q. 188, a. 2. — São Boaventura, opúsc. XI, Apologia Pauperum, c. 3, 3: ed. Opera, Quaracchi, t. 8, 1898, p. 245 a.

vir ao mundo, assumiu para cumprir a vontade do Pai, e propôs aos discípulos que o seguiam. Finalmente, mostra de modo particular a elevação do Reino de Deus acima das coisas terrestres e suas exigências supremas; demonstra também a todos os homens a maravilhosa eficácia do poder de Cristo que reina, e o poder infinito do Espírito Santo, admiravelmente operante na Igreja.

Portanto, este estado, cuja essência consiste na profissão dos conselhos evangélicos, embora não faça parte da estrutura hierárquica da Igreja, pertence, de modo indiscutível, à sua vida e à sua santidade.

Autoridade da Igreja e estado religioso

45. Sendo função da hierarquia eclesiástica apascentar o Povo de Deus e levá-lo a abundantes pastagens (cf. Ez 34,14), a ela incumbe regular, com sábias leis, a prática dos conselhos evangélicos, pelos quais é favorecida, de modo particular, a perfeição da caridade para com Deus e para com o próximo.[6] A mesma hierarquia, dócil aos impulsos do Espírito Santo, aceita as regras propostas por

---

[6] Cf. Conc. Vat. I, Esquema De Ecclesia Christi, cap. XV e anot. 48: Mansi, 51, 549ss e 619s. — Leão XIII, Epist. Au milieu des consolations, 23 dez. 1900: ASS 33 (1900-01) p. 361. — Pio XII, Const. Apost. Provida Mater, 1. cit., p. 114s.

LG 45: Responsável do pastoreio do Povo de Deus, à Igreja compete regular a vivência dos conselhos evangélicos. É a Igreja que aprova as regras e constituições dos institutos religiosos, assistindo com vigilância e proteção de sua autoridade, a fim de que esta vida eminente contribua para a edificação do Corpo de Cristo. Fiéis e obedientes à autoridade do bispo em cuja Igreja se encontram, a vida religiosa sente-se acolhida e protegida por essa mesma Igreja.

homens e mulheres ilustres e, depois de revistas, aprova-as autenticamente. Com sua autoridade vigilante e protetora, ajuda os Institutos, erigidos por toda a parte, para edificação do corpo de Cristo, a fim de que aumentem e floresçam segundo o espírito dos fundadores.

Para melhor providenciar às necessidades de toda a grei do Senhor, pode o Sumo Pontífice, em virtude do seu primado sobre a Igreja universal e para utilidade comum, isentar da jurisdição dos ordinários do lugar, e sujeitar diretamente à sua autoridade, qualquer Instituto de perfeição e cada um dos seus membros.[7] Estes podem igualmente ser deixados ou confiados à autoridade patriarcal própria. Os membros de todos estes Institutos, no cumprimento dos deveres para com a Igreja, segundo a sua forma peculiar de vida, devem prestar reverência e obediência aos bispos, conforme as leis canônicas, em virtude da autoridade pastoral que eles têm nas Igrejas particulares e para manter a concórdia e unidade necessárias na ação apostólica.[8]

A Igreja, com a sua aprovação, não só eleva à dignidade de estado canônico a profissão religiosa, mas também a apresenta, na sua ação litúrgica, como estado consagrado a Deus. Com efeito, a própria Igreja, com a autoridade que Deus lhe comunicou, recebe os votos dos professos, impetra para eles os auxílios da graça divina com a sua oração pública, recomenda-os a Deus e dá-lhes uma bênção espiritual, associando a oblação deles ao sacrifício eucarístico.

---

[7] Leão XIII, Const. Romanos Pontifices, 8 maio 1881: ASS 13 (1880-81) p. 483. Pio XII, Aloc. Annus sacer. 8 dez. 1950: AAS 43 (1951) p. 28s.

[8] Pio XII, Aloc. Annus sacer, 1. cit. p. 28. Pio XII, Const. Apost. Sedes Sapientiæ, 31 maio 1956: AAS 48 (1956) p. 355. — Paulo VI, 1. cit. pp. 570-571.

Grandeza da consagração religiosa

46. Esforcem-se muito os religiosos para que a Igreja possa, por meio deles, apresentar Cristo, cada vez com maior clareza, quer aos fiéis quer aos infiéis: tanto Cristo entregue à contemplação no monte, como evangelizando o Reino de Deus às multidões; curando os enfermos e os feridos, convertendo os pecadores; ou ainda abençoando as crianças e fazendo o bem a todos, obediente sempre à vontade do Pai que o enviou.[9]

Convençam-se todos de que a profissão dos conselhos evangélicos, embora implique a renúncia a bens dignos sem dúvida de grande estima, não obsta, contudo, ao verdadeiro desenvolvimento da pessoa humana, e até, por sua própria natureza, o favorece muito. Na verdade, os conselhos evangélicos abraçados voluntariamente, segundo a vocação pessoal de cada um, contribuem muito para a purificação do coração e para a liberdade do espírito, excitam continuamente o fervor da caridade e, sobretudo,

---

[9] Cf. Pio XII, Cart. Enc. Mystici Corporis, 29 jun. 1943: AAS 35 (1943) p. 214s.

LG 46: Os religiosos e religiosas são chamados a revelar Jesus Cristo em todas as situações de sua vida terrena. Embora imponha renúncias de bens de grande valor, a vida religiosa não impede o verdadeiro desenvolvimento da pessoa, mas antes o potencia. Libertando a pessoa de tantas amarras, a vida religiosa a conforma mais plenamente a Jesus Cristo e a torna mais dedicada à sociedade humana em meio a qual se encontra. Por fim o "Concílio encoraja e louva esses homens e mulheres, religiosos e religiosas, que, nos mosteiros ou nas escolas e hospitais, ou nas missões, honram a esposa de Cristo pela fidelidade constante e humilde à sua consagração, e prestam a todos os homens generosos e variadíssimos serviços".

como se comprova com o exemplo de tantos santos fundadores, podem aproximar mais o povo cristão do gênero de vida virginal e pobre que Cristo nosso Senhor escolheu para si e que a Virgem sua mãe abraçou. Nem se julgue que os religiosos, pela sua consagração, se alheiem dos homens ou se tornem inúteis à sociedade terrestre. Pois, embora algumas vezes não se ocupem diretamente dos seus contemporâneos, têm-nos presentes, de modo mais profundo, nas entranhas de Cristo e colaboram espiritualmente com eles a fim de que a edificação da cidade terrena se alicerce sempre no Senhor e para ele se oriente, de modo a não trabalharem em vão os que a edificam.[10]

Enfim, este sagrado Concílio encoraja e louva esses homens e mulheres, religiosos e religiosas, que, nos mosteiros ou nas escolas e hospitais, ou nas missões, honram a esposa de Cristo pela fidelidade constante e humilde à sua consagração, e prestam a todos os homens generosos e variadíssimos serviços.

Exortação à perseverança

47. Esforce-se cuidadosamente todo aquele que foi chamado à profissão dos conselhos evangélicos por perseverar e se distinguir na vocação a que foi chamado por Deus, para maior santidade da Igreja e maior glória da Trindade, una e indivisa, que, em Cristo e por Cristo, é a fonte e origem de toda a santidade.

---

[10] Cf. Pio XII, Aloc. Annus sacer. 1. cit. p. 30. Aloc. Sous la maternelle protection, 9 dez. 1957: AAS 50 (1958) p. 39s.

LG 47: Os religiosos envidem todos os esforços para perseverar na vocação a que o Senhor os chamou, aperfeiçoando-se para maior santidade da Igreja e maior glória da una e indivisa Trindade, a qual em Cristo e por Cristo é a fonte e origem de toda a santidade.

Capítulo VII
Índole escatológica da Igreja peregrina e sua união com a Igreja celeste

Índole escatológica da nossa vocação

48. A Igreja, à qual somos todos chamados em Jesus Cristo e na qual, pela graça de Deus, adquirimos a santidade, só será consumada na glória celeste quando chegar o tempo da restauração de todas as coisas (At 3,21), e quando com o gênero humano, também o mundo inteiro, que está unido intimamente ao homem e por ele atinge o seu fim, será totalmente reconciliado em Cristo (cf. Ef 1,10; Cl 1,20; 2Pd 3,10-13).

Capítulo VII: Não temos nesta terra morada permanente, mas buscamos a eterna e futura. Esta frase do Novo Testamento sintetiza o capítulo VII: o caráter escatológico de nossa vocação. Destarte, a Igreja, que ainda peregrina na fé e esperança, está unida no amor à Igreja do céu. Esta união se expressa nas orações que se fazem constantemente pelos irmãos e irmãs falecidos, no culto aos santos, no amor que expressamos e na liturgia da qual participamos.

LG 48: A realização plena da Igreja só se dará no céu, quando chegar o tempo da restauração de todas as coisas, tanto do gênero humano como de todo o universo. Em Cristo, pelos mistérios

Quando foi levantado da terra, Cristo atraiu a si todos os homens (cf. Jo 12,32 gr.); ressuscitado de entre os mortos (cf. Rm 6,9), enviou sobre os apóstolos o seu Espírito vivificador e, por meio dele, constituiu o seu corpo, que é a Igreja, como sacramento universal de salvação; sentado à direita do Pai, atua continuamente no mundo para conduzir os homens à Igreja e por ela os unir mais estreitamente a si, e para, alimentando-os com o próprio corpo e sangue, os tornar participantes de sua vida gloriosa. A prometida restauração, que esperamos, começou já em Cristo, foi impulsionada com a vinda do Espírito Santo, e continua por meio dele na Igreja, que nos faz descobrir na fé o sentido da própria vida temporal, à medida que vamos realizando, com esperança nos bens futuros, a obra que o Pai nos confiou no mundo, e vamos operando a nossa salvação (cf. Fl 2,12).

Já chegou para nós, portanto, a última fase dos tempos (cf. 1Cor 10,11), a renovação do mundo está irrevogavelmente decretada e vai-se realizando de certo modo já neste mundo: de fato, a Igreja possui já na terra uma santidade verdadeira, embora imperfeita. Até que haja céus

---

de sua vida, já começou a prometida restauração esperada. Ela acontece cada vez que, pela ação do Espírito Santo, cada fiel e a Igreja inteira realizam no mundo a missão que o Pai confiou e buscam a própria salvação. Já na terra a Igreja está aureolada de santidade, embora ainda vivendo no presente éon, em meio às criaturas que sofrem, espera a manifestação dos filhos e filhas de Deus. A esperança que nos sustenta em meio às dificuldades pelas quais passamos conduz-nos a ser vigilantes, pois não sabemos nem o dia nem a hora da chegada do Senhor, aguardando a bem-aventurada esperança e a vinda gloriosa do grande Deus e Salvador nosso Jesus Cristo. Ele transformará nosso corpo para ser glorificado junto com todos os santos e santas.

novos e nova terra, em que habite a justiça (cf. 2Pd 3,13), a Igreja peregrina leva consigo, nos seus sacramentos e nas suas instituições, que pertencem à época presente, a figura deste mundo que passa e vive entre as criaturas, que gemem e sofrem as dores do parto até agora, suspirando pela manifestação dos filhos de Deus (cf. Rm 8,19-22).

Unidos, pois, a Cristo, na Igreja, e marcados pelo selo do Espírito Santo, "que é o penhor da nossa herança" (Ef 1,14), chamamo-nos e na realidade somos filhos de Deus (cf. 1Jo 3,1), mas não aparecemos ainda com Cristo na glória (Cl 3,4), na qual seremos semelhantes a Deus, porque o veremos tal como ele é (cf. 1Jo 3,2). Assim, "enquanto habitamos no corpo, vivemos no exílio longe do Senhor" (2Cor 5,6) e, apesar de possuirmos as primícias do Espírito, gememos dentro de nós (cf. Rm 8,23) e suspiramos por estar com Cristo (cf. Fl 1,23). Este mesmo amor nos impele a vivermos mais intensamente para aquele que por nós morreu e ressuscitou (cf. 2Cor 5,15). Por isso, nos empenhamos em agradar em tudo ao Senhor (cf. 2Cor 5,9) e nos revestimos da armadura de Deus, para podermos estar firmes contra as maquinações do demônio e resistir no dia mau (cf. Ef 6,11-13). Mas, como não sabemos o dia nem a hora, devemos vigiar constantemente, segundo a recomendação do Senhor, para, ao terminar a nossa única passagem por esta vida terrena (cf. Hb 9,27), merecermos entrar com ele no banquete nupcial, sermos contados entre os benditos do seu Pai (cf. Mt 25,31-46), e não sermos repelidos como servos maus e indolentes (cf. Mt 25,16), para o fogo eterno (cf. Mt 25,41), para as trevas exteriores onde "haverá choro e ranger de dentes" (Mt 22,13; 25,30). Pois, antes de reinarmos com Cristo glorioso, compareceremos todos "perante o tribunal de Cristo, a fim de que cada um receba a retribuição do que tiver feito durante a sua vida no corpo, seja para o bem, seja para o mal" (2Cor 5,10); e no fim do mundo sairão "os que tiverem feito o bem para uma ressurreição de vida; os que tiverem praticado o mal para uma ressurreição de julgamento" (Jo 5,29; cf. Mt 25,46). Tendo por certo que "os sofrimentos do tempo presente não têm proporção com a glória futura que há de revelar-se em nós" (Rm 8,18; cf. 2Tm 2,11-12), esperamos com fé firme o cumprimento da "feliz esperança da manifestação gloriosa do grande Deus e Salvador, nosso Senhor Jesus Cristo" (Tt 2,13), "o qual transformará o nosso corpo de miséria, tornando-o semelhante ao seu corpo glorioso" (Fl 3,21) e virá "para ser glorificado nos seus santos e admirado em todos os que creram" (2Ts 1,10).

Comunhão da Igreja celeste com a Igreja peregrinante

49. Até que o Senhor venha na sua majestade, e todos os anjos com ele (cf. Mt 25,31), e até que lhe sejam submetidas todas as coisas, com a destruição da morte (cf. 1Cor 15,26-27), alguns dos seus discípulos peregrinam na

---

LG 49: Enquanto esperamos a realização de tudo o que o Senhor prometeu, sabemos que pela fé, como Igreja peregrina, estamos unidos a toda a Igreja do céu. Todos, com efeito, comungamos no mesmo amor de Deus e do próximo, embora em modo e grau diversos. Não interrompemos nossa comunhão com os que já morreram na paz do Senhor, mas a potenciamos pela comunicação dos bens espirituais. Com efeito, os bem-aventurados não cessam de interceder por nós no Senhor, apresentando os méritos que alcançaram na terra, graças ao mediador único Jesus Cristo. Nossa fraqueza é amplamente auxiliada pela solicitude destes nossos irmãos e irmãs.

terra, outros, já passados desta vida, estão se purificando, e outros vivem já glorificados, contemplando "claramente o próprio Deus, uno e trino, tal qual é";[1] todos, porém, ainda que em grau e de modos diversos, comungamos na mesma caridade para com Deus e o próximo, e cantamos o mesmo hino de glória ao nosso Deus. Pois, todos os que são de Cristo, tendo o seu Espírito, formam uma só Igreja e nele estão unidos entre si (cf. Ef 4,16). Por isso, a união dos que estão na terra com os irmãos que adormeceram na paz de Cristo de maneira nenhuma se interrompe; pelo contrário, segundo a fé constante da Igreja, reforça--se pela comunicação dos bens espirituais.[2] Em virtude da sua união mais íntima com Cristo, os bem-aventurados confirmam mais solidamente toda a Igreja na santidade, enobrecem o culto que ela presta a Deus na terra e de muitas formas contribuem para que ela se edifique em maior amplitude (cf. 1Cor 12,12-27).[3] Porque foram já recebidos na Pátria e estão na presença do Senhor (cf. 2Cor 5,8), por ele, com ele e nele, não cessam de interceder em nosso favor junto do Pai,[4] apresentando os méritos que, por meio do único Mediador entre Deus e os homens, Cristo Jesus (cf. 1Tm 2,5), adquiriram na terra, servindo ao Senhor em todas as coisas e completando na sua carne o que falta à paixão de Cristo em benefício do seu corpo, que é a Igreja

---

[1] Conc. Florentino, Decretum pro Graecis: Denz. 693 (1305).

[2] Além dos documentos mais antigos contra qualquer forma de evocação dos espíritos desde Alexandre IV (27 de set. 1258), cf. Enc. do S. Ofício, De magnetismi abusu, 4 agosto 1856: AAS (1865) pp. 177-178, Denz. 1653-1654 (2823-2825); a resposta do S. Ofício, 24 abril 1917: AAS 9 (1917) p. 268, Denz. 2182 (3642).

[3] Veja-se uma exposição sintética desta doutrina paulina em: Pio XII, Cart. Enc. Mystici Corporis: AAS 35 (1943) p. 200 e passim.

[4] Cf. Santo Agostinho, Enarr. in Ps. 85, 24: PL 37, 1099. — São Jerônimo, Liber contra vigilantium, 6: PL 23, 344. — Santo Tomás, In 4m Sent., d. 45, p. 3. a. 2 — São Boaventura, In 4m Sent. d. 45 q. 3, a 2; etc.

(cf. Cl 1,24).[5] Na verdade, a solicitude fraterna dos bem-aventurados ajuda muito a nossa fraqueza.

Relações da Igreja peregrinante com a Igreja celeste

50. Tendo perfeito conhecimento desta comunhão de todo o corpo místico de Jesus Cristo, a Igreja terrestre, desde os primeiros tempos do cristianismo, venerou com grande piedade a memória dos defuntos,[6] ofereceu também sufrágios por eles, porque "é santo e salutar o pensamento de orar pelos defuntos para serem libertos dos seus pecados" (2Mc 12,46). A Igreja sempre acreditou que os apóstolos e os mártires de Cristo, que deram com a efusão do próprio sangue o maior testemunho de fé e de amor, estão conosco estreitamente unidos em Cristo; a eles, e

---

[5] Cf. Pio XII, Cart. Enc. Mystici Corporis: AAS 35 (1943) p. 245.

[6] Cf. Muitas inscrições nas catacumbas romanas.

LG 50: Desde a antiguidade, a Igreja guarda e celebra a memória dos que já morreram no Senhor, os fiéis defuntos. Os santos apóstolos e mártires, junto com a Virgem Maria e os santos anjos, recebem nosso louvor e súplica de sua intercessão. Os que já morreram, cuja vida foi fiel a Cristo, são um motivo para que os que ainda vivem na esperança continuem buscando a cidade futura. Nos justos e justas Deus revela-nos constantemente a sua face. Com efeito, sabemos que, assim como a comunhão cristã entre os peregrinos nos aproxima mais de Cristo, também a comunhão com os santos e santas nos une a Cristo, fonte e cabeça de toda a graça e vida do Povo de Deus. Enfim, ao celebrar o sacrifício eucarístico, nós nos unimos, no mais alto grau, ao culto da Igreja celeste, comungando e venerando a memória, primeiramente da gloriosa sempre Virgem Maria, de São José, dos santos apóstolos e mártires e de todos os santos e santas.

também à bem-aventurada Virgem Maria e aos santos anjos, venerou de modo especial[7] e implorou devotamente o auxílio da sua intercessão. Cedo tomaram também lugar, na veneração e nas preces, aqueles que imitaram mais de perto a virgindade e a pobreza de Cristo,[8] e finalmente todos os outros que se tornaram recomendados à pia devoção e imitação dos fiéis[9] pelo exercício das virtudes cristãs e pelos divinos carismas.[10]

Ao contemplarmos a vida daqueles que seguiram fielmente a Cristo, novo motivo nos impele a procurarmos a cidade futura (cf. Hb 13,14; 11,10); ao mesmo tempo, aprendemos a descobrir, no estado e condição de cada um, qual é o caminho mais seguro para chegarmos, por entre as vicissitudes deste mundo, até a união perfeita com Cristo, quer dizer, à santidade.[11] Deus manifesta de forma viva aos homens a sua presença e o seu rosto na vida daqueles que, embora possuindo uma natureza igual à nossa, se transformam mais perfeitamente na imagem de Cristo (cf. 2Cor 3,18). Neles é Deus quem nos fala e nos mostra um sinal do seu reino,[12] para o qual somos fortemente atraídos, ao vermos tão grande nuvem de testemunhas que nos envolve (cf. Hb 12,1), e tais provas da verdade do Evangelho.

Não veneramos, porém, a memória dos santos apenas pelo exemplo que nos dão; fazemo-lo mais ainda para

---

[7] Cf. Gelásio 1, Decretal De libris recipiendis, 3: PL 59, 160; Denz. 165 (353).

[8] Cf. São Metódio, Symposion, VII, 3: GOS (Bonwetsch) p. 74.

[9] Cf. Bento XV, Decretum approbationis virtutum in Causa beatificationis et canonizationis Servi Dei Ioannis Nepomuceni Neummann: AAS 14 (1922) p. 23; várias aloc. de Pio XI, Inviti all'eroismo, Discorsi, t. I-III, Roma 1941-1942 passim; Pio XII, Discorsi e Radiomessaggi t. 10, 1949. pp. 37-43.

[10] Cf. Pio XII, Cart. Enc. Mediator Dei: AAS 39 (1947) p. 581.

[11] Cf. Hb 13,17; Eclo 44-50; Hb 11.3-40. Cf. também Pio XII, Cart. Enc. Mediator Dei: AAS 39 (1947) pp. 582-583.

[12] Cf. Conc. Vat. I, Const. De fide catholica, cap. 3: Denz. 1794 (3013).

que a união de toda a Igreja no Espírito se consolide pelo exercício da caridade fraterna (cf. Ef 4,1-6). Pois, do mesmo modo que a comunhão cristã, entre os que peregrinam neste mundo, nos coloca mais perto de Cristo, assim também a comunhão com os santos nos une a Cristo, de quem promana, como de fonte e cabeça, toda a graça e a própria vida do Povo de Deus.[13] Muito convém, portanto, que amemos estes amigos e co-herdeiros de Jesus Cristo e também irmãos nossos e benfeitores insignes, que demos as devidas graças a Deus por no-los ter dado,[14] "que os invoquemos humildemente e que recorramos às suas orações, à sua intercessão e ao seu auxílio para impetrarmos de Deus as graças necessárias, por meio de seu Filho Jesus Cristo nosso Senhor, único Redentor e Salvador nosso".[15] Na verdade, todo o amor autêntico que manifestamos aos bem-aventurados dirige-se por sua natureza a Cristo e termina nele, "coroa de todos os santos",[16] e, por ele, termina em Deus, que é admirável nos seus santos e neles é glorificado.[17]

Vivemos de maneira eminente a nossa união com a Igreja celeste, especialmente quando na sagrada liturgia, na qual a virtude do Espírito Santo age sobre nós mediante os sinais sacramentais, celebramos juntos, em fraterna alegria, os louvores da majestade divina,[18] e quando todos os resgatados pelo sangue de Cristo, de todas as línguas, povos e nações (cf. Ap 5,9) reunidos numa única Igreja, glorificamos o Deus uno e trino com o mesmo cântico de

---

[13] Cf. Pio XII, Cart. Enc. Mystici Corporis: AAS 35 (1943) p. 216.

[14] Quanto a gratidão para com os santos, cf. E. Diehl, Inscriptionis latinae christianæ veteres, I, Berlim 1925, nn. 2008. 2382 e passim.

[15] Conc. Tridentino, Sess. 25, De invocatione... sanctorum: Denz. 984 (1821).

[16] Breviário Romano, Invitatório na festa de Todos os Santos.

[17] Cf., v.g., 2Ts 1,10.

[18] Conc. Vat. II, Const. De Sacra Liturgia, cap. 5, n. 104.

louvor. É ao celebrarmos o sacrifício eucarístico que mais unidos estamos ao culto da Igreja celeste, numa só comunhão com ela e venerando em primeiro lugar a memória da gloriosa sempre Virgem Maria, de São José, dos apóstolos e mártires, e de todos os santos.[19]

Disposições pastorais do Concílio

51. Este sagrado Concílio abraça com grande piedade a fé tão veneranda dos nossos antepassados acerca da comunhão vital com os irmãos que já se encontram na glória celeste ou estão ainda a purificar-se após a morte, e propõe novamente os Decretos dos Sagrados Concílios de Niceia II,[20] de Florença[21] e de Trento.[22] Ao mesmo tempo exorta com pastoral solicitude todos aqueles a quem isto

---

[19]   Missal Romano, Cânon da missa.

[20]   Conc. Niceno II, Act. VII: Denz. 302 (600).

[21]   Conc. Florentino, Decretum pro Graecis: Denz. 693 (1304).

[22]   Conc. Tridentino, Sess. 25, De Invocatione, veneratione et reliquiis santorum et sacris imaginibus: Denz. 984-988 (1821-1824); Sess. 25, Decretum

---

LG 51: Segundo a tradição da Igreja, confirmada em vários concílios ecumênicos, há uma união vital da Igreja peregrina com os irmãos e irmãs que já estão na glória e os que ainda se purificam. Ademais, a fé cristã deve ser lídima, exigindo uma purificação de todos os abusos, os excessos e defeitos nesse campo. A maior e melhor veneração dos santos e santas não consiste em atos externos, mas numa imitação de seus exemplos. Este culto em nada diminui o culto de adoração a Deus Pai, por Cristo, no Espírito. Ao contrário, unidos aos santos e santas num culto verdadeiro à Trindade, antecipamos o culto eterno da glória celeste. Quando Cristo aparecer na glória, candelabro da cidade celeste, proclamaremos numa só voz: "Àquele que está sentado no trono e ao Cordeiro; louvor, honra, glória e poder pelos séculos dos séculos".

possa dizer respeito, a que tratem de suprimir ou corrigir quaisquer abusos, excessos ou defeitos que se tenham acaso introduzido, e a que tudo restabeleçam ordenadamente para maior louvor de Cristo e de Deus. Ensinem, pois, aos fiéis que o verdadeiro culto dos santos não consiste tanto na multiplicidade dos atos exteriores, como principalmente na intensidade do nosso amor prático, que nos leva a procurarmos, para maior bem nosso e da Igreja, "na vida deles o exemplo, na sua intimidade a união, e na sua intercessão o auxílio".[23] Por outro lado, expliquem aos fiéis que o nosso culto aos santos, se for bem entendido à luz da fé, de modo nenhum prejudica o culto latrêutico prestado a Deus Pai por Jesus Cristo no Espírito, antes o vem enriquecer mais ainda.[24]

Todos, com efeito, os que somos filhos de Deus e constituímos em Cristo uma só família (cf. Hb 3,6), ao unirmo-nos em mútua caridade e louvor uníssono à Trindade Santíssima, realizamos a vocação própria da Igreja e participamos, com gozo antecipado, na liturgia da glória consumada.[25] Quando Cristo aparecer, e se der a ressurreição gloriosa dos mortos, o esplendor de Deus iluminará a Cidade celeste, e a sua luz será o Cordeiro (cf. Ap 21,23). Então toda a Igreja dos santos, na felicidade suprema do amor, adorará a Deus e ao "Cordeiro que foi imolado" (Ap 5,12), proclamando a uma só voz: "Àquele que está sentado no trono e ao Cordeiro; louvor, honra, glória e poder pelos séculos dos séculos" (Ap 5,13-14).

---

de Purgatorio; Denz. 983 (1820) Sess. 6, Decretum de iustificatione, can. 30: Denz. 840 (1580).

[23] Missal Romano. Do Prefácio concedido a algumas dioceses da França.

[24] Cf. São Pedro Canísio, Catechismus Maior seu Summa Doctrinae christianae, cap. III (ed. crit. F. Streicher), Pars 1, pp. 5-16, n. 44 e pp. 100-101, n. 49.

[25] Cf. Conc. Vat. II, Const. De Sacra Liturgia, cap. 1, n. 8.

Capítulo VIII
A bem-aventurada Virgem Maria, Mãe de Deus, no mistério de Cristo e da Igreja

I. PROÊMIO

52. Querendo Deus, sumamente benigno e sábio, realizar a redenção do mundo, "quando chegou a plenitude dos tempos, mandou o seu Filho, nascido de mulher [...], para

Lumen Gentium

Capítulo VIII: Por vontade explícita do Concílio, o tema referente à Virgem Maria foi integrado na *Lumen Gentium*, constituindo o seu capítulo VIII. Suas subdivisões fazem parte explícita do capítulo. Um proêmio que trata de Maria, Mãe de Cristo e da Igreja, declara a intenção do Concílio. Tratando da presença de Maria na economia da salvação, a *Lumen Gentium* faz uma leitura bíblico-eclesial da preparação da Mãe do Redentor no Antigo Testamento e a sua figura no Novo: anunciação, infância de Jesus, sua vida pública, sua paixão e sua presença no meio da Igreja após a Ascensão. A partir de então, a Virgem Santíssima é membro eminente da Igreja do seu Filho. Por sua maternidade espiritual, ela exerce um influxo salutar na Igreja, repetindo sempre aos seus filhos e filhas que façam tudo o que o seu Filho mandar. Maria é, pois, tipo da Igreja como Virgem e Mãe, gerando sempre novos filhos e filhas para a Igreja e oferecendo a todos o exemplo de suas virtudes para que sejam imitadas. Excelsa Mãe de Jesus Cristo, a

que recebêssemos a adoção de filhos" (Gl 4,4-5). "O qual, por amor de nós homens e para nossa salvação, desceu dos céus e se encarnou pelo poder do Espírito Santo no seio da Virgem Maria".[1] Este mistério divino da salvação nos é revelado e continuado na Igreja, que o Senhor constituiu como seu corpo, e na qual os fiéis que aderem a Cristo, sua cabeça e estão em comunhão com todos os seus santos, devem também, e "em primeiro lugar, venerar a memória da gloriosa sempre Virgem Maria, Mãe de Deus e de Nosso Senhor Jesus Cristo".[2]

Maria e a Igreja

53. A Virgem Maria, que na anunciação do anjo recebeu o Verbo de Deus no seu coração e no seu corpo, e deu

---

[1] Símbolo Constantinopolitano: Mansi 3, 566. Cf. Conc. do Éfeso, ib. 4, 1130 (e também ib. 2, 665 e 4, 1071); Conc. de Calcedônia, ib. 7, 111-116; Conc. Constantinopolitano II, ib. 9, 375-396: Missal Romano, do Credo.

[2] Missal Romano, do Cânon da missa.

Virgem Maria é venerada com um culto de especial devoção pelos fiéis de todos os tempos. Por isso o Concílio exorta para que a pregação e o culto de Nossa Senhora sejam feitos com a linguagem bíblica e a da sadia tradição da Igreja. Destarte, Maria é sinal de esperança e de consolação para os membros da Igreja peregrina, enquanto se faz medianeira para a unidade da Igreja do seu Filho.

LG 52: Na plenitude dos tempos o Pai enviou o seu Filho, nascido de uma mulher. E, por obra do Espírito Santo, o Verbo se fez carne no seio de Maria. Este é o mistério máximo de nossa fé, guardado e adorado na Igreja. Esta é a razão de nossa veneração, em primeiro lugar, da gloriosa sempre Virgem Maria Mãe do nosso Deus e Senhor Jesus Cristo.

LG 53: Na anunciação do anjo, a Virgem Maria torna-se Mãe de Deus Redentor e como tal é venerada desde a proclamação de

a vida ao mundo, é reconhecida e honrada como verdadeira Mãe de Deus e do Redentor. Remida de modo mais sublime em atenção aos méritos de seu Filho, e unida a ele por vínculo estreito e indissolúvel, foi enriquecida com a sublime prerrogativa e dignidade de Mãe de Deus Filho, e, portanto, filha predileta do Pai e sacrário do Espírito Santo; com este dom de graça sem igual, ultrapassa de longe todas as outras criaturas celestes e terrestres. Ao mesmo tempo encontra-se unida na estirpe de Adão com todos os homens que devem ser salvos; mais ainda, é "verdadeiramente mãe dos membros (de Cristo) [...] porque com o seu amor colaborou para que na Igreja nascessem os fiéis, que são os membros daquela cabeça".[3] Por esta razão é também saudada como membro supereminente e absolutamente singular da Igreja, e também como seu protótipo e modelo acabado da mesma, na fé e na caridade; e a Igreja católica, guiada pelo Espírito Santo, honra-a como mãe amantíssima, dedicando-lhe afeto de piedade filial.

Intenção do Concílio

54. Por isso o sagrado Concílio, ao expor a doutrina da Igreja, na qual o divino Redentor opera a salvação,

---

[3] Santo Agostinho, De S. Virginitate, 6: PL 40, 399.

Isabel. Torna-se, destarte, mãe do Verbo encarnado, filha predileta do Pai e templo do Espírito Santo, gozando de excelsa supremacia sobre todas as criaturas. Descendente de Adão, Maria associa-se a todos os homens e mulheres, fazendo-se Mãe em virtude de sua cooperação com a encarnação de Jesus Cristo. Torna-se, então, membro eminente da Igreja, seu tipo e exemplar perfeitíssimo.

deseja esclarecer cuidadosamente quer a função da bem-aventurada Virgem no mistério do Verbo encarnado e do corpo místico, quer os deveres dos próprios homens remidos para com a Mãe de Deus, que é Mãe de Cristo e dos homens, em especial dos fiéis. Não é, no entanto, sua intenção propor a doutrina completa sobre Maria ou dirimir questões que a investigação dos teólogos ainda não conseguiu dilucidar plenamente. Mantêm-se, portanto, no seu direito as opiniões que são livremente propostas nas escolas católicas acerca daquela que na santa Igreja ocupa o lugar mais alto depois de Cristo e o mais perto de nós.[4]

II. FUNÇÃO DA BEM-AVENTURADA VIRGEM NA ECONOMIA DA SALVAÇÃO

A Mãe do Messias no Antigo Testamento

55. Os livros do Antigo e do Novo Testamento, e a tradição veneranda mostram, de modo que se vai tornando cada vez mais claro, a função da Mãe do Salvador na economia da salvação, e colocam-na, por assim dizer, diante

---

[4]   Cf. Paulo VI, Alocução no Concílio, 4 dez. 1963: AAS 56 (1964) p 37.

Recebe da Igreja católica, pelo ensinamento do Espírito Santo, filial afeto de piedade.

LG 54: No Concílio a Igreja quer esclarecer tanto o papel de Maria no mistério do Verbo encarnado, como os nossos deveres para com ela. Não é uma doutrina nova que se vai expor, conservando aos estudiosos a obrigação de continuarem seu aprofundamento a fim de iluminar a fé dos crentes.

LG 55: Ao descrever a história da salvação e a preparação remota da vinda de Jesus Cristo, a Escritura do Antigo Testamento vai evidenciando a figura de uma mulher, a futura Mãe do

dos nossos olhos. Os livros do Antigo Testamento descrevem a história da salvação, que vai preparando, a passos lentos, a vinda de Cristo ao mundo. Estes primeiros documentos, tais como são lidos na Igreja e entendidos à luz da ulterior e plena revelação, iluminam pouco a pouco, sempre com maior clareza, a figura da mulher, a da Mãe do Redentor. Ela aparece, a esta luz, profeticamente esboçada na promessa da vitória sobre a serpente, feita aos nossos primeiros pais já caídos no pecado (cf. Gn 3,15). Do mesmo modo, ela é a Virgem que há de conceber e dar à luz um Filho, cujo nome será Emanuel (cf. Is 7,14; Mq 5,2-3; Mt 1,22-23). Ela sobressai entre os humildes e os pobres do Senhor, que confiadamente dele esperam e recebem a salvação. Enfim, com ela, filha excelsa de Sião, após a longa espera da promessa, cumprem-se os tempos e instaura-se a nova economia, quando o Filho de Deus assumiu dela a natureza humana, para, mediante os mistérios da sua carne, libertar o homem do pecado.

Maria na Anunciação

56. Quis, porém, o Pai das misericórdias que a encarnação fosse precedida da aceitação por parte da Mãe predestinada, a fim de que, assim como uma mulher tinha

---

Redentor. Sua figura já aparece na promessa da vitória sobre o tentador, bem como na mãe do Emanuel. Primeira entre os humildes e pobres do Senhor, ela se torna a excelsa Filha de Sião. Nela, enfim, cumpre-se a promessa na hora do seu sim bendito e de o Filho de Deus receber a natureza humana.

LG 56: Assim como o pecado e a morte vieram pela contribuição de uma mulher, o Pai quis que a encarnação do seu Filho fosse precedida pela livre adesão de outra mulher. Ela torna-se a toda

contribuído para a morte, também uma mulher contribuísse para a vida. E isto aplica-se de forma eminente à Mãe de Jesus, a qual deu ao mundo aquele que é a própria Vida que tudo renova, e foi enriquecida por Deus com dons convenientes a tão alto múnus. Portanto, nada admira que tenha sido corrente, entre os santos Padres, chamar à Mãe de Deus toda santa e imune de qualquer mancha do pecado, como que plasmada pelo Espírito Santo e formada qual nova criatura.[5] Adornada, desde o primeiro instante da sua conceição, com esplendores de santidade absolutamente singular, a Virgem de Nazaré, ouvindo a saudação do anjo mandado por Deus, que lhe chama "cheia de graça" (cf. Lc 1,28), responde ao mensageiro celeste: "Eis a escrava do Senhor, faça-se em mim segundo a tua palavra" (Lc 1,38). Assim Maria, filha de Adão, consentindo na palavra divina, tornou-se Mãe de Jesus, e abraçando com

---

[5] Cf. São Germano Const., Hom. In Annunt. Deiparae: PG 98, 328 A; In Dorm. 2: Col. 357. — Anastásio Antioq., Serm. 2 de Annunt., 2 PG 89. 1377 AB: Serm. 3, 2: col. 1388. — Santo André Cret., Cant. In B. V. Nat. 4: PG 97, 1321 B. In B. V. Nat., 1: col. 812 A. Hom. In dorm. 1: col. 1068 C. — S. Sofrônio, Or. 2 In Annunt., 18 PG 87 (3). 3237 BD.

---

santa e imune de toda a mancha do pecado. Com efeito, o Espírito Santo a adornou e fez dela uma nova criatura. Saudada como cheia de graça, ela se diz serva do Senhor com o seu "faça-se em mim"... "Deste modo, Maria, filha de Adão, dando o seu consentimento à palavra divina, tornou-se Mãe de Jesus e, não retida por qualquer pecado, abraçou de todo o coração o desígnio salvador de Deus, consagrou-se totalmente, como escrava do Senhor, à pessoa e à obra de seu Filho, subordinada a Ele e juntamente com Ele, servindo pela graça de Deus onipotente o mistério da Redenção".

Cooperando ativamente com o projeto do Pai, Maria torna-se a mãe dos viventes.

generosidade e sem pecado algum a vontade salvífica de Deus, consagrou-se totalmente, como escrava do Senhor, à pessoa e obra de seu Filho, servindo ao mistério da redenção sob a sua dependência e com ele, pela graça de Deus onipotente. Com razão afirmam os santos Padres que Maria não foi instrumento meramente passivo nas mãos de Deus, mas cooperou na salvação dos homens com fé livre e com inteira obediência. Como diz Santo Ireneu, "pela obediência, ela tornou-se causa de salvação para si mesma e para todo o gênero humano".[6] E não poucos padres antigos, na sua pregação, comprazem-se em repetir: "O laço de desobediência de Eva foi desfeito pela obediência de Maria; o que a virgem Eva atou com sua incredulidade, a Virgem Maria desatou-o pela fé".[7] Comparando-a com Eva, chamam a Maria "Mãe dos viventes"[8] e afirmam com frequência: "A morte veio por Eva, e a vida por Maria".[9]

Maria e a infância de Jesus

57. Esta união da Mãe com o Filho, na obra da redenção, manifesta-se desde o momento em que Jesus Cristo é

---

[6] Santo Ireneu, Adv. Haer. III, 22. 4: PG 7, 959 A; Harvey 2, 123.

[7] Santo Ireneu, ibidem: Harvey, 2, 124.

[8] Santo Epifânio, Haer. 78, 18: PG 42, 728 CD-729 AB.

[9] São Jerônimo, Epist. 22, 21: PL 22, 408. Cf. Santo Agostinho, Serm. 51, 2, 3: PL 38, 335: Serm. 232, 2: col. 1108. — São Cirilo de Jerusalém, Catech. 12, 15: PG 33, 741 AB. — São João Crisóstomo, In Ps. 44, 7: PG 55, 193. — São João Damasceno, Hom. 2 In dorm. B. M. V., 3: PG 96, 728.

LG 57: Maria está presente nos momentos de Jesus infante-adolescente: anunciação, visitação, nascimento, apresentação aos pastores e apresentação no Templo. Maria está intimamente associada ao Filho, conservando em seu coração tudo que dizia respeito a Ele.

concebido virginalmente, até a sua morte. Primeiramente, quando Maria se dirigiu pressurosa a visitar Isabel, e esta a proclamou bem-aventurada por ter acreditado na salvação prometida, estremecendo o precursor de alegria no seio de sua mãe (cf. Lc 1,41-45); e depois, no nascimento, quando a Mãe de Deus, cheia de alegria, mostrou aos pastores e aos magos o seu Filho primogênito, que não diminuiu, antes consagrou, a sua integridade virginal.[10] E também quando, ao apresentá-lo no templo ao Senhor, ofereceu o resgate dos pobres e ouviu Simeão profetizar que esse Filho haveria de ser sinal de contradição e que uma espada transpassaria a alma da Mãe, para que se revelassem os pensamentos de muitos corações (cf. Lc 2,34-35). Depois de ter perdido o Menino Jesus e o ter procurado com tanta dor, os pais o encontraram no templo, ocupado nas coisas de seu Pai, e não entenderam a resposta que lhes deu. A Mãe, porém, guardava no seu coração e meditava todas estas coisas (cf. Lc 2,41-51).

Maria e a vida pública de Jesus

58. Na vida pública de Jesus, a sua Mãe manifesta-se claramente logo no início, quando nas bodas de Caná da

---

[10] Cf. Conc. Lateranense do ano 649, Can. 3: Mansi 10, 1151. — São Leão Magno, Epist. ad Flav.: PL 54, 769. Conc. de Calcedônia; Mansi 7, 462. — Santo Ambrósio, De instit. vir.: PL 16, 320.

LG 58: Na vida pública de Jesus a presença de Maria é marcante. Em poucos e significativos momentos: nas bodas de Caná, por sua compaixão, conduz Jesus a iniciar sua vida de milagres. Na pregação do Filho, acolheu a sua palavra, recebendo com os que acreditavam e acompanhavam Jesus a proclamação de bem-aventurada. Avançou no caminho da fé, mantendo-se firme até

Galileia, movida de misericórdia, conseguiu com sua intercessão que Jesus, o Messias, desse início aos seus sinais (cf. Jo 2,1-11). Durante a pregação do seu Filho, recolheu as palavras com que ele, exaltando o reino acima das razões e vínculos da carne e do sangue, proclamou bem-aventurados os que ouvem e observam a Palavra de Deus (cf. Mc 3,35; Lc 11,27-28), como ela fazia fielmente (cf. Lc 2,19 e 51). Assim também a bem-aventurada Virgem avançou no caminho da fé, e conservou fielmente a união com seu Filho até a cruz, junto da qual, por desígnio de Deus, se manteve de pé (cf. Jo 19,25); sofreu profundamente com o seu Unigênito e associou-se de coração maternal ao seu sacrifício, consentindo amorosamente na imolação da vítima que ela havia gerado; finalmente, do próprio Jesus Cristo, ao morrer na cruz, foi dada ao discípulo por Mãe com estas palavras: "Mulher, eis aí o teu filho" (cf. Jo 19,26-27).[11]

Maria depois da ascensão

59. Foi vontade de Deus manifestar solenemente o sacramento da salvação humana, só depois de ter enviado o Espírito prometido por Cristo. Por isso, vemos os apóstolos, antes do dia de Pentecostes, "unânimes, perseverarem na

---

[11] Cf. Pio XII, Cart. Enc. Mystici Corporis, 29 jun. 1943: AAS 35 (1943) pp. 247-248.

---

a Cruz. Lá, associando-se com coração de Mãe ao seu sacrifício, foi dada pelo Filho agonizante como mãe ao discípulo: eis aí o teu Filho.

LG 59: Antes da descida do Espírito Santo a Virgem Maria encontrava-se unanimemente associada aos discípulos do seu Filho, perseverando na oração. Ela implorava para a comunidade

oração, com algumas mulheres, entre as quais Maria, a mãe de Jesus com os irmãos dele" (At 1,14), e vemos também Maria implorando com suas preces o dom do Espírito, que na anunciação, já a tinha coberto com sua sombra. Finalmente, a Virgem Imaculada, que fora preservada de toda mancha da culpa original,[12] terminado o curso de sua vida terrena, foi levada à glória celeste em corpo e alma,[13] e exaltada pelo Senhor como Rainha do universo, para que se conformasse mais plenamente com o seu Filho, Senhor dos senhores (cf. Ap 19,16) e vencedor do pecado e da morte.[14]

III. A BEM-AVENTURADA VIRGEM E A IGREJA

Maria e Cristo único Mediador

60. É um só o nosso Mediador, segundo as palavras do Apóstolo: "Pois há um só Deus, e um só mediador entre Deus e os homens, um homem, Cristo Jesus, que se deu

---

[12] Cf. Pio IX, Bula Ineffabllis, 8 dez. 1854: Acta Pii IX, 1, 1, p. 616: Denz. 1641 (2803).

[13] Cf. Pio XII, Const. Apost. Munificentissimus, 1 nov. 1950: AAS 42 (1950): Denz. 2333 (3903) Cf. São João Damasceno, Enc. in dorm. Dei genitricis, Hom. 2 e 3: PG 96, 721-762, especialmente col. 728 B. — São Germano Constantin., In S. Dei gen. dorm. Serm. 1: PG 98 (6), 340-348 Serm. 3: col. 361. — São Modesto de Jer., In dorm. SS. Deiparae: PG 86 (2): 3277-3312.

[14] Cf. Pio XII, Cart. Enc. Ad cœli Reginam, 11 out. 1954: AAS 46 (1954). pp. 633-636; Denz. 3913ss. Cf. Santo André Cret., Hom. 3 in dorm. SS. Deiparae: PG 97, 1089-1109. — São João Damasceno, De fide orth., IV, 14: PG 94, 1153-1168.

---

o dom que já recebera. Perseverou na Igreja até o dia no qual, terminando o curso de sua vida terrena, foi elevada em corpo e alma ao céu e exaltada como rainha dos anjos e santos. Assim ela se conforma mais plenamente ao seu Filho Ressuscitado e entronizado na glória, o vencedor do pecado e da morte.

LG 60: Temos um único Mediador, Jesus Cristo. A função maternal de Maria, contudo, em nada ofusca ou diminui essa

em resgate por todos" (1Tm 2,5-6). A função maternal de Maria para com os homens de nenhum modo obscurece ou diminui esta mediação única de Cristo, antes mostra qual é a sua eficácia. Na verdade, todo o influxo salutar da bem-aventurada Virgem em favor dos homens não é imposto por alguma necessidade, mas sim pelo beneplácito de Deus, e dimana da superabundância dos méritos de Cristo, funda-se na sua mediação, dela depende absolutamente e dela tira toda a sua eficácia; e, longe de impedir, fomenta ainda mais o contato imediato dos fiéis com Cristo.

Cooperação na redenção

61. A bem-aventurada Virgem, predestinada, desde toda a eternidade, junto com a encarnação do Verbo divino, para ser Mãe de Deus, foi na terra, por disposição da divina Providência, a Mãe do Redentor divino, mais que ninguém sua companheira generosa e a humilde escrava do Senhor. Concebendo a Cristo, gerando-o, alimentando-o, apresentando-o no templo ao Pai, sofrendo com seu Filho que morria na cruz, ela cooperou de modo absolutamente singular, pela obediência, pela fé, pela esperança e pela caridade ardente, na obra do Salvador para restaurar a vida sobrenatural das almas. Por tudo isto, ela é nossa mãe na ordem da graça.

única mediação, mas antes manifesta a sua eficácia. A ação de Maria na Igreja se deve à bondade divina e deriva dos méritos de Jesus Cristo. Funda-se na mediação de Cristo e dela depende inteiramente.

LG 61: Predestinada para ser a Mãe de Jesus, Maria torna-se sua mais generosa cooperadora. Toda a sua vida foi uma

Função salvífica subordinada

62. A maternidade de Maria, na economia da graça, perdura sem cessar, desde o consentimento que ela prestou fielmente na anunciação e manteve sem vacilar ao pé da cruz, até a consumação final de todos os eleitos. De fato, depois de elevada ao céu, ela não abandonou esta missão salutar, mas, pela sua múltipla intercessão, continua a obter-nos os dons da salvação eterna.[15] Com seu amor de Mãe, cuida dos irmãos de seu Filho, que ainda peregrinam e se debatem entre perigos e angústias, até que sejam conduzidos à Pátria feliz. Por isso, a bem-aventurada Virgem é invocada, na Igreja, com os títulos de Advogada, Auxiliadora, Amparo e Medianeira.[16] Mas isto deve entender-se

---

[15] Cf. Kleutgen, texto reformado De mysterio Verbi incarnati, cap. IV: Mansi 53, 290. Cf. Santo André Cret., In nat. Mariae, sermo 4: PG 97, 865 A. — São Germano Constant., In annunt. Deiparae: PG 98, 312 BC. In dorm. Deiparae, III col. 364 D. — São João Damasceno, In dorm. B. V. Mariae, Hom 1, 8: PG 96, 712 BC-713 A.

[16] Cf. Leão XIII, Cart. Enc. Adiutricem populi, 5 set. 1895: ASS 15 (1895-96) p. 303. São Pio X, Cart. Enc. Ad diem illum 2 fev. 1904: Acta, I, p. 154;

---

cooperação singular na obra do Salvador. Na fé, ela se torna nossa mãe na ordem da graça.

LG 62: Esta intercessão de Maria será de todos os tempos. Sua multiforme intercessão continua a alcançar-nos os dons da salvação eterna. Torna-se advogada, auxiliadora, socorro, medianeira. Sua intercessão em nada prejudica nem acrescenta à dignidade e eficácia de Cristo, o único mediador. A razão da intercessão materna de Maria funda-se na cooperação que as criaturas, de modo diverso, têm na obra da salvação. A Igreja proclama esta função subordinada de Maria, sente-a e a inculca nos fiéis. Esta ajuda materna de Maria conduz os fiéis a aderirem mais intimamente ao seu mediador e salvador.

de modo que nada tire nem acrescente à dignidade e à eficácia de Cristo, Mediador único.[17]

Nenhuma criatura pode colocar-se no mesmo plano que o Verbo encarnado e Redentor; mas, assim como o sacerdócio de Cristo é participado de modo diverso pelos ministros sagrados e pelo povo fiel, e assim como a bondade de Deus, única, se difunde realmente em modos diversos pelas suas criaturas, assim também a única mediação do Redentor não exclui, antes suscita, nas criaturas uma cooperação múltipla, embora participada da fonte única.

A Igreja não hesita em professar abertamente uma função assim subordinada em Maria; experimenta-a continuamente e recomenda-a ao amor dos fiéis, para que, apoiados nesta proteção maternal, eles se unam mais intimamente ao Mediador e Salvador.

Maria Virgem e Mãe, modelo da Igreja

63. A bem-aventurada Virgem encontra-se também intimamente unida à Igreja, pelo dom e cargo da maternidade divina, que a une com seu Filho redentor, e ainda pelas suas graças e prerrogativas singulares; a Mãe de Deus é

Denz. 1978a (3370). — Pio XI, Cart. Enc. Miserentissimus, 8 maio 1928: AAS (1928) p. 178. — Pio XII, Radiomens., 13 maio 1946: AAS 38 (1946) p. 266.
[17] Santo Ambrósio, Epist. 63: PL 16, 1218.

LG 63: A Virgem Maria está intimamente ligada à Igreja, sendo dela tipo e figura. Como Maria, a Igreja é também Mãe e Virgem. Tendo dado à luz a Jesus, seu filho, constituído Cristo, Senhor e Cabeça da Igreja, a Virgem Maria torna-se também mãe dos membros, para cuja geração e educação ela coopera com amor.

a figura da Igreja, como já ensinava Santo Ambrósio, quer dizer, na ordem da fé, da caridade e da perfeita união com Cristo.[18] De fato, no mistério da Igreja, a qual também se chama com razão virgem e mãe, à bem-aventurada Virgem Maria pertence o primeiro lugar, por ser, de modo eminente e singular, exemplo de virgem e de mãe.[19] Pois, pela sua fé e obediência, gerou na terra o próprio Filho de Deus Pai: sem conhecer varão, mas pelo poder do Espírito Santo, com fé não alterada por nenhuma dúvida, acreditando, qual nova Eva, não na antiga serpente, mas no mensageiro divino. Deu à luz o Filho, a quem Deus constituiu primogênito entre muitos irmãos (cf. Rm 8,29), isto é, entre os fiéis em cuja geração e formação ela coopera com amor de mãe.

A Igreja Virgem e Mãe

64. A Igreja, contemplando a santidade misteriosa de Maria, imitando a sua caridade, e cumprindo fielmente a vontade do Pai, pela Palavra de Deus fielmente recebida, torna-se também ela mãe, pois pela pregação e pelo Batismo gera, para uma vida nova e imortal, os filhos

---

[18]   Santo Ambrósio, Expos. Lc 2,7: PL 15, 1555.

[19]   Cf. Ps. Pedro Dam., Serm. 63: PL 144, 861 AB. — Godofredo de São Vitor, In nat. B. M., Ms. Paris, Mazarine, 1002, fol. 109r. — Gerhohus Reich, De gloria et honore Filii hominis, 10: PL 194, 1105 AB.

LG 64: Pela recepção da Palavra de Deus, também a Igreja torna-se fecunda e faz-se mãe, como aconteceu com Maria. Pela pregação e pelo Batismo gera novos filhos e filhas, também eles concebidos pela ação do Espírito Santo. Como Maria, também a Igreja é virgem, pois guarda total fidelidade ao seu esposo.

concebidos do Espírito Santo e nascidos de Deus. Ela é também a virgem, que guarda íntegra e pura a fé jurada ao Esposo, e, à imitação da Mãe do seu Senhor, pela graça do Espírito Santo, conserva virginalmente íntegra a fé, sólida a esperança, sincera a caridade.[20]

A virtude de Maria que a Igreja deve imitar

65. Enquanto a Igreja já alcançou na bem-aventurada Virgem essa perfeição que faz que ela se apresente sem mancha nem ruga (cf. Ef 5,27), os fiéis, porém, continuam ainda a esforçar-se por crescer na santidade, vencendo o pecado; por isso levantam os olhos para Maria que refulge diante de toda a comunidade dos eleitos como modelo de virtudes. A Igreja, refletindo piedosamente sobre Maria e contemplando-a à luz do Verbo feito homem, penetra cheia de respeito, mais e mais no íntimo do altíssimo mistério da encarnação, e vai tomando cada vez mais a semelhança do seu Esposo. Com efeito, Maria, que entrou

---

[20] Santo Ambrósio, 1. cit. e Expos. Lc 10,24-25: PL 15, 1810. — Santo Agostinho, In Jo. tr. 13, 12: PL 35, 1499. Cf. Serm. 191, 2, 3: PL 38, 1010; etc. Cf. também Ven. Beda, In Lc Expos. I cap. 2: PL 92, 330. — Isaac de Stella, Serm. 54: PL 194, 1863 A.

LG 65: Maria já alcançou o grau de santidade e perfeição que o Pai lhe concedeu, ao passo que os fiéis ainda peregrinam em meio às dificuldades. Por essa razão, eles levantam os olhos para Maria, modelo de virtude para a família dos eleitos. Ao ser exaltada e venerada, Maria atrai os fiéis para seu Filho, para o seu sacrifício e para o amor do Pai. Agindo na fé, a Igreja age segundo Maria, tipo e figura que o Pai lhe concedeu. Ela, como Maria, gera Cristo no coração dos fiéis, cuidando posteriormente deles com afeto maternal.

intimamente na história da salvação, de certo modo reúne em si e reflete as maiores exigências da fé; quando é exaltada e honrada, ela atrai os crentes para seu Filho, para o sacrifício dele e para o amor do Pai. E a Igreja, por sua vez, empenhada como está na glória de Cristo, torna-se mais semelhante ao seu modelo tão excelso, progredindo continuamente na fé, na esperança e na caridade, buscando e cumprindo em tudo a vontade de Deus. Com razão, a Igreja, também na sua atividade apostólica, olha para aquela que gerou a Cristo, concebido do Espírito Santo e nascido da Virgem precisamente para poder nascer e crescer, por meio da Igreja, também no coração dos fiéis. A Virgem, durante a vida, foi modelo daquele amor materno de que devem estar animados todos aqueles que colaboram na missão apostólica da Igreja para a redenção dos homens.

IV. O CULTO DA BEM-AVENTURADA VIRGEM NA IGREJA

Natureza e fundamento do culto

66. Maria foi exaltada pela graça de Deus acima de todos os anjos e de todos os homens, logo abaixo de seu Filho, por ser a Mãe Santíssima de Deus e, como tal, haver participado nos mistérios de Cristo: por isso, a Igreja a

---

LG 66: Exaltada por graça do Senhor, Maria é honrada com um culto especial. Desde os tempos mais antigos Maria é venerada com o título de Mãe de Deus. Nos perigos e nas necessidades os fiéis a ela acorrem com filial piedade. A partir do Concílio de Éfeso, conforme a mesma profecia da Virgem Maria, o seu culto aumentou consideravelmente. A partir de então, sob a orientação da Igreja, a veneração de Maria permite e orienta a adoração da Santíssima Trindade.

honra com culto especial. Na verdade, já desde os tempos mais antigos, a bem-aventurada Virgem é venerada com o título de "Mãe de Deus", e os fiéis sob sua proteção, recorrendo com súplicas, refugiam-se em todos os perigos e necessidades.[21] Sobretudo a partir do Concílio de Éfeso, o culto prestado a Maria pelo Povo de Deus cresceu admiravelmente, em veneração, amor, invocação e imitação, de acordo com as palavras proféticas da própria Virgem: "Todas as gerações me chamarão bem-aventurada, porque fez em mim grandes coisas o onipotente" (cf. Lc 1,48). Este culto, tal como existiu sempre na Igreja, é de todo singular, mas difere essencialmente do culto de adoração que é prestado ao Verbo encarnado e do mesmo modo ao Pai e ao Espírito Santo, e muito contribui para ele. Com efeito, as várias formas de devoção para com a Mãe de Deus, que a Igreja aprovou, dentro dos limites da doutrina sã e ortodoxa, segundo as circunstâncias de tempos e lugares, e atendendo a índole e ao modo de ser dos fiéis, fazem com que, ao mesmo tempo que a Mãe é honrada, o Filho, "pelo qual existem todas as coisas" (cf. Cl 1,15-16) e no qual "aprouve ao eterno Pai que habitasse toda a plenitude" (cf. Cl 1,19) seja devidamente conhecido, amado e glorificado e sejam observados os seus mandamentos.

Normas pastorais

67. O sagrado Concílio ensina deliberadamente esta doutrina católica e ao mesmo tempo exorta todos os filhos

---

[21] Breviário Romano, "Sub tuum praesidium".

LG 67: O Concílio exorta os fiéis a incrementar o culto litúrgico de Maria, dentro da sã doutrina e dos parâmetros da revelação,

da Igreja a promoverem dignamente o culto da Virgem Santíssima, de modo especial o culto litúrgico; a ter em grande estima as práticas e os exercícios de piedade em sua honra que o magistério da Igreja recomendou no decorrer dos séculos; e a observar religiosamente quanto foi estabelecido no passado acerca do culto das imagens de Cristo, da bem-aventurada Virgem e dos santos.[22] Além disso, exorta com todo o empenho os teólogos e os pregadores da palavra divina a que, ao considerarem a singular dignidade da Mãe de Deus, se abstenham com cuidado, tanto de qualquer falso exagero, como também de demasiada pequenez de espírito.[23] Com o estudo da Sagrada Escritura, dos santos Padres, dos doutores, e das liturgias da Igreja, esclareçam com precisão, sob a orientação do magistério, as funções e os privilégios da bem-aventurada Virgem, que sempre se referem a Cristo, origem de toda verdade, santidade e devoção. Evitem diligentemente tudo o que, por palavras ou por obras, possa induzir em erro os irmãos separados ou quaisquer outras pessoas, quanto à verdadeira doutrina da Igreja. Por sua vez, recordem-se os fiéis de que a verdadeira devoção não consiste em sentimentalismo estéril e passageiro, ou em vã credulidade,

---

[22] Conc. Niceno II, ano 787: Mansi 13, 378-379; Denz. 302 (600-601). — Conc. Trid. sess. 25: Mansi 33, 171-172.

[23] Cf. Pio XII, Radiomessag. 24 out. 1954: AAS 46 (1954) p. 679. Cart. Enc. Ad cœli Reginam, 11 out. 1954: AAS 46 (1954) p. 637.

---

evitando tudo o que possa induzir ao erro. Diz explicitamente o Concílio: a verdadeira devoção não consiste numa emoção estéril e passageira, mas nasce da fé, que nos faz reconhecer a grandeza da Mãe de Deus e nos incita a amar filialmente a nossa mãe e a imitar as suas virtudes.

mas procede da fé verdadeira que nos leva a reconhecer a excelência da Mãe de Deus e nos incita ao amor filial para com a nossa Mãe, e à imitação das suas virtudes.

V. MARIA, SINAL DE ESPERANÇA CERTA E DE CONSOLAÇÃO PARA O POVO DE DEUS PEREGRINANTE

Maria, sinal do Povo de Deus

68. Do mesmo modo que a Mãe de Jesus, já glorificada no céu em corpo e alma, é imagem e primícias da Igreja, que há de atingir a sua perfeição no século futuro, assim também já agora na terra, enquanto não chega o dia do Senhor (cf. 2Pd 3,10), ela brilha, como sinal de esperança segura e de consolação, aos olhos do Povo de Deus peregrinante.

Maria interceda para a união dos cristãos

69. Muito se alegra e se consola este sagrado Concílio o saber que não falta, mesmo entre os irmãos separados,

---

LG 68: Glorificada em corpo e alma, Maria é imagem e início da Igreja que há de consumar-se na eternidade. Destarte, na terra, ela brilha como consolação para o Povo de Deus e firme sinal de esperança.

LG 69: O Concílio conclui pedindo a todos que venerem Maria como Mãe do Senhor e Salvador para que a ela acorram pela unidade da Igreja do seu Filho. Dessa forma, todos os povos, tanto os que ostentam o nome cristão, como os que ainda ignoram o Salvador, se reunirão felizmente, em paz e harmonia, no único Povo de Deus, para glória da santíssima e indivisa Trindade.

quem preste a honra devida à Mãe do Senhor e Salvador, de modo particular entre os orientais, que afluem com fervor e devoção a venerar a Mãe de Deus sempre Virgem.[24] Todos os fiéis dirijam súplicas insistentes à Mãe de Deus e Mãe dos homens, para que ela, que assistiu com suas orações aos alvores da Igreja, também agora, exaltada no céu acima de todos os anjos e bem-aventurados, interceda junto de seu Filho, na comunhão de todos os santos, para que todas as famílias dos povos, quer se honrem do nome cristão quer desconheçam ainda o seu Salvador, se reúnam felizmente, em paz e concórdia, no único Povo de Deus, para glória da santíssima e indivisa Trindade.

Promulgação

Todo conjunto e cada um dos pontos que nesta Constituição dogmática se estabelecem pareceram bem aos Padres do Concílio. E nós, pelo poder apostólico que nos foi confiado por Cristo, juntamente com os veneráveis Padres, no Espírito Santo as aprovamos, decretamos e estabelecemos, e tudo o que assim conciliarmente foi estatuído, mandamos que, para glória de Deus, seja promulgado.

Roma, junto de São Pedro, aos 21 de novembro de 1964.

Eu, Paulo, bispo da Igreja Católica
(Seguem-se as assinaturas dos Padres Conciliares)

---

[24] Cf. Pio XI, Cart. Enc. Ecclesiam Dei, 12 nov. 1923: AAS 15 (1923) p. 581. — Pio XII, Cart. Enc, Fulgens corona, 8 set. 1953: AAS 45 (1953) p. 590-591.

Das atas do Concílio Ecumênico Vaticano II

Notificações feitas pelo Exmo. Secretário-geral na 123ª Congregação Geral (16 de novembro de 1964)

Foi perguntado qual deva ser a qualificação teológica da doutrina exposta no esquema *De Ecclesia*, sujeito à votação.

A Comissão Doutrinal, ao examinar os Modos relativos ao capítulo III do esquema *De Ecclesia*, respondeu com as seguintes palavras:

"Como é evidente, um texto conciliar deve ser interpretado sempre de harmonia com as regras gerais que todos conhecem".

E, a propósito, a Comissão Doutrinal remete para a sua Declaração de 6 de março de 1964, cujo texto passamos a transcrever:

"Atendendo à praxe conciliar e tendo em conta a finalidade pastoral do Concílio Vaticano II, este Santo Concílio só entende pronunciar, em matéria de fé e costumes, aquelas definições que abertamente declarar como tais.

Tudo o mais que o Concílio propõe, na qualidade de doutrina do Magistério Supremo da Igreja, devem todos e cada um dos fiéis acatá-lo e segui-lo, conforme a intenção do mesmo Concílio, que transparece quer da matéria versada, quer do modo de expressão, segundo as normas da interpretação teológica".

A autoridade superior comunica aos Padres uma nota explicativa prévia, relativa aos Modos que foram apresentados sobre o capítulo III do Esquema *De Ecclesia*. A doutrina exposta neste capítulo III deve ser explicada e compreendida segundo o espírito e o sentido desta nota.

Nota explicativa prévia

A Comissão decidiu fazer preceder o exame dos Modos das seguintes observações gerais:

1. Colégio não se entende em sentido estritamente jurídico, isto é, como um grupo de iguais que delegassem o seu poder a seu presidente, mas como grupo estável, cuja estrutura e autoridade devem deduzir-se da revelação. Por isso é que na resposta ao Modo 12 se diz expressamente, a respeito dos doze, que o Senhor os constituiu à maneira de colégio ou grupo estável (cf. também o Modo 53, c).

— Pela mesma razão, ao falar-se de colégio episcopal, se usam indistintamente os termos ordem e corpo. O paralelismo entre São Pedro e os demais apóstolos, por um lado, e o Sumo Pontífice e os bispos, por outro, não implica a transmissão dos poderes extraordinários dos apóstolos aos seus sucessores, nem como é evidente, a igualdade entre a cabeça e os membros do colégio; mas implica tão só uma proporcionalidade entre a primeira relação (Pedro-apóstolos) e a segunda (Papa-bispos). Por isso, a Comissão resolveu escrever no n. 22: não da mesma maneira, mas de maneira semelhante (cf. Modo 57).

2. Fica alguém constituído membro do colégio em virtude da consagração episcopal e da comunhão hierárquica com a cabeça e com os membros do colégio (cf. n. 22 § 1, ao fim).

Na consagração é conferida uma participação ontológica nos ofícios sagrados, como indubitavelmente consta da tradição litúrgica. Emprega-se propositadamente o termo "ofício" e não "poderes", porque este último termo poderia entender-se de um poder apto a exercer-se. Mas, para que haja um poder assim apto a exercer-se, é indispensável a determinação canônica ou jurídica da parte da autoridade hierárquica. Determinação de poder que pode consistir na concessão de cargo particular ou na designação dos súditos, e é dada segundo as normas aprovadas pela autoridade suprema. Tal norma ulterior é requerida pela natureza das coisas, pois se trata de ofícios que devem ser exercidos por vários sujeitos, que por vontade de Cristo cooperam hierarquicamente. É evidente que esta "comunhão" teve aplicação na vida da Igreja, conforme as circunstâncias dos tempos, antes de ser codificada no direito.

Por isso se diz expressamente que se requer a comunhão hierárquica com a cabeça e com os membros da Igreja. Comunhão é uma noção que foi tida em grande honra na antiga Igreja (e ainda hoje, sobretudo no oriente). Não é entendida como um sentimento vago, mas como realidade orgânica que exige uma forma jurídica e, ao mesmo tempo, é animada pela caridade. Daí que a Comissão tenha decidido, quase por unanimidade, escrever "em comunhão hierárquica". Cf. Modo 40 e também o que se diz a respeito da missão canônica, n. 24.

Os documentos dos sumos pontífices recentes, relativos à jurisdição dos bispos, devem entender-se desta necessária determinação de poderes.

3. O colégio, que não existe sem a sua cabeça, diz-se "que é também 'sujeito do poder supremo e pleno' sobre toda a Igreja". E isto tem necessariamente de aceitar-se para que se não propunha problema sobre a plenitude do

poder do Romano Pontífice. Colégio entende-se sempre e necessariamente como incluindo a sua cabeça, que, dentro do colégio, mantém íntegra a sua função de vigário de Cristo e de pastor da Igreja universal. Por outras palavras, a distinção não se faz entre o Pontífice Romano e os bispos tomados coletivamente, mas entre o Romano Pontífice sozinho e o Romano Pontífice junto com os bispos. E porque o Sumo Pontífice é a cabeça do colégio, só ele pode pôr determinados atos, que não são, de modo nenhum, da competência dos bispos, v. gr. convocar e dirigir o colégio, aprovar normas para a sua atividade etc., cf. Modo 81. Ao juízo do Sumo Pontífice, a quem foi entregue o cuidado de toda a grei de Cristo, compete determinar, de harmonia com as necessidades da Igreja que variam com os tempos, como convém que esta missão se exerça, quer de maneira pessoal, quer de maneira colegial. O Romano Pontífice, quando se trata de ordenar, promover e aprovar o exercício da colegialidade em vista do bem da Igreja, procede segundo a sua própria discrição.

4. O Sumo Pontífice, como pastor supremo da Igreja, pode exercer o seu poder em qualquer tempo, à sua vontade, como é exigido pelo seu cargo. Ao contrário, o colégio, que existe sempre, nem por isso age permanentemente com ação estritamente colegial, como atesta aliás a tradição da Igreja. Por outras palavras, não está sempre "em pleno exercício": mas a intervalos; é só com o consentimento da cabeça que ele age de modo estritamente colegial. Diz-se "com o consentimento da cabeça", não se vá pensar numa *dependência* a respeito de alguém estranho ao colégio; o termo "com o consentimento" insinua, pelo contrário, comunhão entre a cabeça e os membros, e implica a necessidade de um ato que propriamente compete

à cabeça. Isto é afirmado explicitamente no n. 22 § 2, e aparece desenvolvido no fim do mesmo parágrafo. A fórmula negativa "só" compreende todos os casos: é evidente, portanto, que as normas aprovadas pela autoridade suprema devem ser observadas sempre (cf. Modo 84).

De tudo isso ressalta que se trata de uma união estreita dos bispos com a sua cabeça, e nunca de uma ação dos bispos independentemente do Papa. Neste caso, faltando a ação da cabeça, os bispos não podem agir como colégio, o que decorre da própria noção de "colégio". Esta comunhão hierárquica de todos os bispos com o Sumo Pontífice é afirmada constantemente pela tradição.

N. B. — Sem a comunhão hierárquica não pode exercer-se a função sacramental-ontológica, que deve ser distinguida do aspecto canônico-jurídico. No entanto, a Comissão entende não dever entrar em questões de liceidade e validade; deixa-as à discussão dos teólogos, em especial no que diz respeito ao poder que, de fato, é exercido pelos orientais separados em cuja explicação as opiniões divergem.

† PÉRICLES FELICI
Arcebispo tit. de Samosata
Secretário-geral
do Sacrossanto Concílio Ecumênico Vaticano II

Conclusão

"**A**pareceu no *céu* um *grande sinal*: uma *Mulher vestida* com o *sol, tendo* a *lua debaixo* dos *pés*, e *sobre* a *cabeça* uma *coroa* de *doze estrelas*" (Ap 12,1). Este majestoso texto do Apocalipse foi interpretado em chave eclesiológica pelos Padres da Igreja, principalmente por Orígenes. A mulher revestida de sol é a Igreja iluminada por Cristo, o qual é a única luz dos povos. A vontade explícita do Concílio foi a de iluminar com a luz de Cristo, pela ação sacramental da Igreja, todos os povos, anunciando-lhes o Evangelho. Para tanto, mister se fazia pôr de manifesto, aos fiéis e a todo o mundo, a sua natureza e missão universal (cf. LG, n. 1).

Fazendo esta pequena apresentação da Igreja, nosso propósito foi redescobrir sua riqueza. Por mais frágeis e pequenas que sejam as estruturas visíveis da Igreja, elas são o sacramento de um dom inestimável da Trindade. A Família divina quis habitar na terra, na revelação do Verbo-Filho, pela ação do seu Espírito criador-renovador. E o Deus-família construiu a Igreja como a casa dos seus filhos e filhas, irmãos e irmãs do Verbo que se fez carne e veio habitar no meio da humanidade.

Passamos pelos 69 artigos da *Lumen Gentium* e pelos seus 8 capítulos, frutos de um longo e frutuoso debate. A discussão na aula conciliar mostrou o sopro do Espírito "renovando o ar que circulava na Igreja". Abriu-se de novo uma janela, há tempo entreaberta, ou quiçá mesmo fechada. O horizonte que se descortinou foi muito rico. Com os olhos já habituados à Luz, os cristãos e cristãs redescobriram o projeto que Deus tinha para com a humanidade:

salvar todas as pessoas e renovar todas as coisas em Cristo. Todas as pessoas são vocacionadas à Igreja, independentemente de sua crença. É preciso que se lhes pregue o Evangelho, primeiro com o testemunho e depois com a palavra. Redescobrimos que somos caminhantes. Antes de nós, contudo, muitíssimos irmãos e irmãs já cumpriram a própria missão e já participam da glória dos eleitos e eleitas junto do Cordeiro. Mas não nos abandonaram. Podemos e devemos unir-nos a eles/elas pela veneração e mesmo a prece confiante. São nossos exemplos e podem ser nossos intercessores/intercessoras. Caminhando com esta humanidade, a humilde serva torna-se um "grande-sinal", a mulher-Igreja, pois recebeu em seu seio e o gerou para nós. Da Igreja do seu Filho ela se torna tipo, modelo, intercessora. Caminhando na fé, somos hoje o que foi Maria na sua vida terrena. Caminhamos na esperança de ser, um dia, como Ela é hoje na glória.

Concluímos esta pequena apresentação com um trecho de Ambrósio de Milão que mostra a grandeza da Igreja e a beleza da graça de nela permanecer: "Assim, pois, estai firmes no terreno do vosso coração! [...] O que significa estar, o Apóstolo nos ensinou, Moisés o escreveu: 'O lugar em que estás é terra santa'. Ninguém está, senão aquele que está firme na fé [...] e mais uma palavra está escrita: 'Tu, porém, está firme comigo'. Tu estás firme comigo se estás na Igreja. A Igreja é a terra santa, na qual devemos estar [...]. Está pois firme, e na Igreja. Está firme ali, onde eu quero aparecer a ti, ali permaneço junto a ti. Onde está a Igreja, lá é o lugar firme do teu coração. Sobre a Igreja se apoiam os fundamentos da tua alma. De fato, na Igreja eu te apareci como outrora na sarça ardente. A sarça és tu, eu sou o fogo. Fogo na sarça eu sou na tua carne. Fogo eu sou, para iluminar-te; para queimar as espinhas dos teus pecados, para dar-te o favor da minha graça" [Texto citado por RATZINGER, Joseph. A eclesiologia da Constituição "Lumen Gentium". In: *Simpósio Internacional sobre a atuação do Concílio Ecumênico Vaticano II*].

Sumário

Introdução 5

1. A Lumen Gentium no Concílio Vaticano II:
pontos de sua história 9

2. Considerações teológico-pastorais:
as riquezas da Lumen Gentium 15

3. Os desafios suscitados na atualidade pela releitura da
Lumen Gentium 23

4. O esquema da Constituição 32

TEXTO E COMENTÁRIO

Capítulo I. O mistério da Igreja 35

Capítulo II. O Povo de Deus 51

Capítulo III. Constituição hierárquica da Igreja
e em especial o episcopado 71

Capítulo IV. Os leigos 102

Capítulo V. Vocação universal à santidade na Igreja 118

Capítulo VI. Os religiosos 129

Capítulo VII. Índole escatológica da Igreja peregrina e
sua união com a Igreja celeste 137

Capítulo VIII. A bem-aventurada Virgem Maria, Mãe de
Deus, no mistério de Cristo e da Igreja 147

Das atas do Concílio Ecumênico Vaticano II 167

Nota explicativa prévia 169

Conclusão 173

Impresso na gráfica da
Pia Sociedade Filhas de São Paulo
Via Raposo Tavares, km 19,145
05577-300 - São Paulo, SP - Brasil - 2017